教材项目规划小组

许　琳　　姜明宝　　王立峰
田小刚　　崔邦焱　　俞晓敏
赵国成　　宋永波　　郭　鹏

教材编写委员会

主　　任：陶黎铭
副主任：陈光磊　　吴叔平
成　　员：陈光磊　　高顺全　　陶黎铭
　　　　　　吴金利　　吴叔平　　吴中伟

顾　　问：Robert Shanmu Chen
　　　　　　Richard King
　　　　　　Helen Xiaoyan Wu

中国国家汉语国际推广领导小组办公室规划教材
Projet de Hanban de la République populaire de Chine

Dāngdài Zhōngwén
当代中文
LE CHINOIS CONTEMPORAIN

dì - sān cè
第 三 册

kè běn
课 本
Manuel
Volume III

主　　编　　吴中伟
编　　者　　高顺全　吴金利
　　　　　　吴叔平　吴中伟
翻　　译　　徐朋　Michel Bertaux
译文审订　　Jerry Schmidt
　　　　　　Hongju Yu
　　　　　　Huijun Zhou

北京大学出版社
PEKING UNIVERSITY PRESS

Éditions de l'Université de Pékin

© Éditions de l'Université de Pékin, 2008

Toute représentation, traduction, adaptation ou reproduction, même partielle, par tous procédés, en tous pays, faite sans autorisation préalable de l' Éditions de l'Université de Pékin, est illicite et exposerait le contrevenant à des poursuites judiciaires.

ISBN 978-7-301-13091-9/H · 1904

205, rue de Cheng Fu, 100871 Beijing, Chine

Tél: +86(10)62752028

Fax: +86(10)62556201

Website: http://www.pup.cn

E-mail: zpup@pup.pku.edu.cn

Imprimé en Chine. Janvier 2008

图书在版编目（CIP）数据

当代中文·第三册·课本 / 吴中伟主编. —北京：北京大学出版社，2008.1

ISBN 978-7-301-13091-9

Ⅰ.当… Ⅱ.吴… Ⅲ.汉语－对外汉语教学－教材 Ⅳ.H195.4

中国版本图书馆 CIP 数据核字（2008）第 173145 号

书　　　　名：	当代中文·第三册·课本
著作责任者：	吴中伟　主编
责 任 编 辑：	贾鸿杰　欧慧英
封 面 设 计：	张婷婷
标 准 书 号：	ISBN 978-7-301-13091-9/H · 1904
出　 版　 者：	北京大学出版社
地　　　　址：	北京市海淀区成府路 205 号 100871
网　　　　址：	http://www.pup.cn
电　　　　话：	邮购部 62752015　发行部 62750672　编辑部 62752028　出版部 62754962
电 子 信 箱：	zpup@pup.pku.edu.cn
印　 刷　 者：	涿州市星河印刷有限公司
经　 销　 者：	新华书店
	787 毫米 × 1092 毫米　16 开本　12.75 印张　326 千字
	2008 年 1 月第 1 版　2019 年 5 月第 4 次印刷
定　　　 价：	50.00 元（含 1 张 MP3）

未经许可，不得以任何方式复制或抄袭本书之部分或全部内容。

版权所有，侵权必究　举报电话：010-62752024

　　　　　　　　　　电子信箱：fd@pup.pku.edu.cn

致 读 者
Aux étudiants

Bienvenue au **chinois contemporain**!

L'objectif principal de ce manuel est de développer la capacité des étudiants à comprendre et à s'exprimer en chinois. En particulier, il fournit des exercices dans le domaine de la compréhension, de l'expression, de la lecture et de l'écriture du chinois.

La série complète comprend **quatre volumes**. Vous pouvez travailler avec la série complète ou utiliser un seul volume de votre choix.

Les matières suivantes sont en général utilisées avec le **manuel**.
- ◆ Cahier d'exercices
- ◆ Cahier de caractères (pour volumes I et II seulement)
- ◆ Matériels audio
- ◆ Manuel du Professeur

Ce manuel
- ★ est concis, pragmatique, authentique et d'actualité.
- ★ est adaptable aux niveaux variés des différents étudiants.
- ★ met un accent égal sur la compréhension, l'expression, la lecture et l'écriture.
- ★ vous guide étape par étape.

Après avoir travaillé le volume III, les étudiants devront maîtriser 440 mots et expressions chinoises, ainsi que des 15 règles de grammaire.

Apprendre le chinois n'est pas si difficile.

Allez-y!

Abréviation de termes grammaticaux chinois

N.	Nom	Míngcí	名词
M.P.	Mot de position	Chùsuǒcí	处所词
M.T.	Mot de temps	Shíjiāncí	时间词
Loc.	Locatif	Fāngwèicí	方位词
Pron.	Pronom	Dàicí	代词
Int.	Interrogatif	Yíwèncí	疑问词
V.	Verbe	Dòngcí	动词
V.D.	Verbe de direction	Qūxiàng dòngcí	趋向动词
V.A.	Verbe auxiliaire de mode	Néngyuàn dòngcí	能愿动词
Adj.	Adjectif	Xíngróngcí	形容词
Num.	Nombre	Shùcí	数词
Spéc.	Spécificatif	Liàngcí	量词
Adv.	Adverbe	Fùcí	副词
Prép.	Préposition	Jiècí	介词
Conj.	Conjonction	Liáncí	连词
Part.	Particule	Zhùcí	助词
S.	Sujet	Zhǔyǔ	主语
P.	Prédicat	Wèiyǔ	谓语
O.	Complément d'objet	Bīnyǔ	宾语
Déter.	Déterminatif	Dìngyǔ	定语
Compl.	Complément	Bǔyǔ	补语
C.C.	Complément circonstanciel	Zhuàngyǔ	状语
Préf.	Préfixe	Cítóu	词头
Suff.	Suffixe	Cíwěi	词尾
V.O.	Verbe + complément d'objet	Dòngbīnshì líhécí	动宾式离合词

Les règles de style et d'agencement

1

| 地图 | N. | dìtú | carte | 张 | 地圖 |
| 出租车 | N. | chūzhūchē | taxi | 辆 | 出租車 |

Les caractères traditionnels et simplifiés sont fournis tous les deux dans le vocabulaire et les textes. Ici, "地图"、"出租车" sont en forme simplifiée tandis que "地圖" et "出租車" sont en forme traditionnelle.

张 est le spécificatif pour "地图", par exemple 一张地图.

2

你说[19]英语[20]还是[21]说法语[22]?

Le chiffre en haut à gauche d'un mot dans le texte est le numéro de mot dans la liste de vocabulaire. Quand les phrases sont imprimées surlignées sur fond foncé, cela indique que ce sont des phrases modèles du texte, et elles apparaissent au début de chaque leçon.

Les personnages dans le texte

Nous avons déjà rencontré les personnages suivants dans le premier volume:

Bāi Xiǎohóng 白小红, féminin, Chinoise.

Dīng Hànshēng 丁汉生, masculin, Chinois, qui est envoyé ici par une entreprise chinoise.

Jiāng Shān 江山, masculin, Américain d'origine française.

Zhāng Lín 张林, Chinois, la quarantaine.

Chén Jìng 陈静, féminin, Chinoise, partenaire linguistique de Jacques.

Nous allons rencontrer de nouveaux amis dans le volume III :

Mǎkè 马克, Américain, étudiant en chinois.

Lín Nà 林娜, Chinoise, étudiante d'une université canadienne, une amie de Qian Pingping.

Qián Píngping 钱平平, Chinoise, diplômée d'université; tout en cherchant du travail, elle envisage de faire des études au Canada; une amie de Lin Na.

mù lù
目 录 Table des matières

Aux étudiants ··· 1
Abréviation de termes grammaticaux chinois ······················· 2
Les règles de style et d'agencement ···································· 3
Les personnages dans le texte ··· 4

Dì-yī kè Hóngyè
第一课 红叶 1
Leçon un Les feuilles rouges
    Grammaire：“把”字句（2）La phrase avec "把"（2）··········12
    "是……的"句（2）La phrase "是……的"（2）·······13

Dì-èr kè Huāxīn luóbo
第二课 花心萝卜 14
Leçon deux Le radis au cœur fleuri
    Grammaire：疑问词的任指用法
    Les pronoms interrogatifs indéfinis·······················26

Dì-sān kè Bié gēn zìjǐ guòbuqù
第三课 别跟自己过不去 27
Leçon trois Ne sois pas trop exigeante envers toi-même
    Grammaire：固定格式 Quelques modèles fixes ············40

Dì-sì kè Gè yǒu suǒ ài
第四课 各有所爱 42
Leçon quatre À chacun son goût
    Grammaire：反问句 Question rhétorique ·····················54

Dì-wǔ kè Zhǎobuzháo běi
第五课 找不着北 56
Leçon cinq Se perdre
    Grammaire："了(liǎo)"的用法 L'usage de "了(liǎo)"·······69
    "着(zháo)"的用法 L'usage de "着(zháo)" ············70

I

第六课　他们很有耐心　71
Leçon six　Ils sont très patients

　　Grammaire：动词重叠 Le redoublement des verbes ········ 80

　　　　　　　　概数和分数 Chiffres approximatifs et fractions ········ 81

第七课　叫什么好？　83
Leçon sept　Quel est le bon prénom?

　　Grammaire：趋向补语的引申用法
　　　　　　　　L'utilisation étendue du complément de direction ········ 97

第八课　端午节的故事　99
Leçon huit　L'histoire de la fête Duanwu

　　Grammaire：存现句 Phrase d'existence et d'apparition ········ 111

第九课　孔夫子搬家　113
Leçon neuf　Confucius déménage

　　Grammaire：介词用法小结 Résumé sur les prépositions ········ 127

第十课　还是庄重点儿好　130
Leçon dix　Il vaudrait mieux être un peu plus sérieux

　　Grammaire：副词用法小结 Résumé sur les adverbes ········ 143

第十一课　"要"还是"借"？　145
Leçon onze　《Demander》 ou 《emprunter》?

　　Grammaire：复句 Phrase composée ········ 157

第十二课　买枝红玫瑰　160
Leçon douze　Acheter une rose rouge

　　Grammaire：语段的衔接和连贯
　　　　　　　　Liaison et cohérence des phrases ········ 168

Index du vocabulaire ········ 171

Index des termes grammaticaux ········ 189

Remerciements ········ 190

Dì-yī kè Hóngyè
第 一 课   红叶[1]
Leçon un   Les feuilles rouges

cí yǔ
词 语

Expression et mots nouveaux

1. 红叶	N.	hóngyè	feuille rouge (Ex. feuille d'érable)	片	紅葉
2. 著名	Adj.	zhūmíng	célèbre, connu		
3. 当	V.	dāng	jouer un côle comme, considérer comme, prendre pour		當
4. 书签	N.	shūqiān	marque-page		書籤
5. 弄	V.	nòng	faire, aménager		
6. 到处	Adv.	dàochù	partout		到處
7. 国旗	N.	guóqí	drapeau national	面	國旗
8. 美	Adj.	měi	beau, joli		
9. 难怪	Adv.	nánguài	sans surprise		難怪
10. 之	Part.	zhī	une particule chinoise classique, souvent utilisée pour marquer la possession		
11. 枫叶之国		fēngyè zhī guó	un pays de feuilles d'érable		楓葉之國
12. 象征	N., V.	xiàngzhēng	symbole; symboliser		象徵
13. 一共	Adv.	yígòng	au total; en tout		
14. 角	N.	jiǎo	coin, angle		
15. 当做	V.	dàngzuò	traiter comme, considérer comme		當做

16.	从来	Adv.	cónglái	depuis toujours	從來
17.	唯一	Adj.	wéiyī	seul, unique	
18.	捧	V.	pěng	tenir quelque chose dans les deux mains	
19.	摘	V.	zhāi	cueillir	
20.	像	V.	xiàng	ressembler	
21.	心	N.	xīn	coeur	颗
22.	收	V.	shōu	recevoir, accepter	
23.	感动	V., Adj.	gǎndòng	émouvoir, être touché; ému	感動
24.	流	V.	liú	couler	
25.	眼泪	N.	yǎnlèi	larmes	眼淚
26.	笑话	N., V.	xiàohua	blague; rigoler	笑話
27.	小气	Adj.	xiǎoqì	avare, mesquin	小氣
28.	舍不得		shěbude	ne pas vouloir, être réticent	捨不得
29.	花	V.	huā	dépenser	
30.	爱情	N.	àiqíng	amour, affection	愛情
31.	表达	V.	biǎodá	exprimer	表達
32.	重要	Adj.	zhòngyào	important	
33.	爱	V.	ài	aimer	愛
34.	颗	Spéc.	kē	spécificatif pour les choses petites et rondes	顆
35.	爱惜	V.	àixī	chérir	愛惜
36.	生怕	Adv.	shēngpà	de peur que	

Noms propres

37.	香山		Xiāng Shān	La Colline parfumée《dans la banlieue de Beijing, connue pour ses feuilles rouges d'automne》

第一课 红叶

kè wén
课 文 Texte

一

在中国北京某大学女生宿舍，陈静在看书。雅克走了过来，拿起她的书翻看，发现了一片红叶。

雅克：这个叫什么？
陈静：红叶，这就是著名² 的香山红叶。
雅克：真好看。你把它放在书里干什么？
陈静：当³ 书签⁴ 用。小心点儿，别把它弄⁵ 破了。哎，
　　　你们加拿大也有红叶啊。
雅克：你说的是我们的枫叶吧？
陈静：是啊，加拿大的枫叶是非常有名的。

雅克：也是非常漂亮的。到了秋天，到处[6]都可以看到红红的枫叶，漂亮极了！

陈静：看来你很喜欢枫叶。

雅克：那当然，没有不喜欢枫叶的加拿大人。我们还把枫叶放在了国旗[7]上。

陈静：所以有人把你们的国旗叫做"枫叶旗"。

雅克：我们的国花也是枫叶。

陈静：是吗？不过枫叶不是花呀！

雅克：可我们觉得枫叶比花更美[8]。

陈静：难怪[9]人们常常把你们加拿大叫做"枫叶之[10]国[11]"。

雅克："枫叶之国"？这个词很有意思，我要把它记下来。你有笔吗？借我用一下。

陈静：有。不过我先问你一个问题。你回答对了，我就把笔借给你。

雅克：什么问题？

陈静：枫叶是加拿大的象征[12]。可是，你知道加拿大国旗上的枫叶一共[13]有几个角[14]吗？

雅克：这个问题可真把我问住了。让我想想，一、二、三……

雅克：這個叫甚麼？

陳靜：紅葉，這就是著名[2]的香山紅葉。

雅克：真好看。你把它放在書裏幹甚麼？

陳靜：當³書籤⁴用。小心點兒，別把它弄⁵破了。哎，你們加拿大也有紅葉啊。

雅克：你說的是我們的楓葉吧？

陳靜：是啊，加拿大的楓葉是非常有名的。

雅克：也是非常漂亮的。到了秋天，到處⁶都可以看到紅紅的楓葉，漂亮極了！

陳靜：看來你很喜歡楓葉。

雅克：那當然，沒有不喜歡楓葉的加拿大人。我們還把楓葉放在了國旗⁷上。

陳靜：所以有人把你們的國旗叫做"楓葉旗"。

雅克：我們的國花也是楓葉。

陳靜：是嗎？不過楓葉不是花呀！

雅克：可我們覺得楓葉比花更美⁸。

陳靜：難怪⁹人們常常把你們加拿大叫做"楓葉之¹⁰國¹¹"。

雅克："楓葉之國"？這個詞很有意思，我要把它記下來。你有筆嗎？借我用一下。

陳靜：有。不過我先問你一個問題。你回答對了，我就把筆借給你。

雅克：甚麼問題？

陳靜：楓葉是加拿大的象徵¹²。可是，你知道加拿大國旗上的楓葉一共¹³有幾個角¹⁴嗎？

雅克：這個問題可真把我問住了。讓我想想，一、二、三……

Texte en Pinyin

Yǎkè: Zhè ge jiào shénme?
Chén Jìng: Hóngyè, zhè jiùshì zhùmíng de Xiāng Shān hóngyè.
Yǎkè: Zhēn hǎokàn. Nǐ bǎ tā fàng zài shū li gàn shénme?
Chén Jìng: Dāng shūqiān yòng. Xiǎoxīn diǎnr, bié bǎ tā nòngpò le. Āi, nǐmen Jiānádà yě yǒu hóngyè a.
Yǎkè: Nǐ shuō de shì wǒmen de fēngyè ba?
Chén Jìng: Shì a, Jiānádà de fēngyè shì fēicháng yǒumíng de.
Yǎkè: Yě shì fēicháng piàoliang de. Dàole qiūtiān, dàochù dōu kěyǐ kàndào hónghóng de fēngyè, piàoliang jí le!
Chén Jìng: Kànlái nǐ hěn xǐhuan fēngyè.
Yǎkè: Nà dāngrán, méiyǒu bù xǐhuan fēngyè de Jiānádàrén. Wǒmen hái bǎ fēngyè fàng zài le guóqí shang.
Chén Jìng: Suǒyǐ yǒu rén bǎ nǐmen de guóqí jiàozuò "fēngyèqí".
Yǎkè: Wǒmen de guóhuā yě shì fēngyè.
Chén Jìng: Shì ma? Búguò fēngyè bú shì huā ya!
Yǎkè: Kě wǒmen juéde fēngyè bǐ huā gèng měi.
Chén Jìng: Nánguài rénmen chángcháng bǎ nǐmen Jiānádà jiàozuò "fēngyè zhī guó".
Yǎkè: "Fēngyè zhī guó"? Zhè ge cí hěn yǒu yìsi, wǒ yào bǎ tā jì xialai. Nǐ yǒu bǐ ma? Jiè wǒ yòng yíxià.
Chén Jìng: Yǒu. Búguò wǒ xiān wèn nǐ yí ge wèntí. Nǐ huídá duì le, wǒ jiù bǎ bǐ jiè gěi nǐ.
Yǎkè: Shénme wèntí?
Chén Jìng: Fēngyè shì Jiānádà de xiàngzhēng. Kěshì, nǐ zhīdao Jiānádà guóqí shang de fēngyè yígòng yǒu jǐ ge jiǎo ma?
Yǎkè: Zhè ge wèntí kě zhēn bǎ wǒ wènzhù le. Ràng wǒ xiǎngxiang, yī, èr, sān...

第一课 红叶

Traduction française

Dans le dortoir d'une université à Beijing, Chen Jing est en train de lire un livre. Jacques passe, prend son livre, feuillette quelques pages et y trouve une feuille rouge.

Jacques： Qu'est-ce que c'est?

Chen Jing： Une feuille rouge. C'est la fameuse feuille rouge de la Colline parfumée.

Jacques： C'est très joli. Pourquoi tu la mets dans le livre?

Chen Jing： Comme marque-page. Attention, ne l'abîme pas. Tiens, vous avez aussi des feuilles rouges au Canada.

Jacques： Tu veux dire les feuilles d'érable?

Chen Jing： Tout à fait. Les feuilles d'érable canadiennes sont très connues.

Jacques： Elles sont aussi très jolies. En automne, il y a des feuilles rouges partout. Elles sont tellement belles.

Chen Jing： Tu as vraiment l'air d'aimer les feuilles d'érable.

Jacques： Il n'y a pas que moi. La plupart des Canadiens aiment les feuilles d'érable. Nous l'avons même mise sur notre drapeau national.

Chen Jing： C'est pourquoi les gens appellent souvent votre drapeau 《Drapeau de feuille d'érable》.

Jacques： La feuille d'érable est aussi notre fleur nationale.

Chen Jing： C'est vrai? Pourtant les feuilles d'érable ne sont pas des fleurs.

Jacques： Nous trouvons que les feuilles d'érable sont plus jolies que les fleurs.

Chen Jing：Il n'est pas étonnant que les gens appellent le Canada "Pays des feuilles d'érable".

Jacques："Pays des feuilles d'érable"? C'est une expression très intéressante. Je vais la noter. As-tu un stylo? Puis-je te l'emprunter pour une seconde?

Chen Jing：J'en ai un. Mais je vais d'abord te poser une question et je vais te prêter mon stylo si ta réponse est correcte.

Jacques：Quelle est la question?

Chen Jing：La feuille d'érable est le symbole du Canada. Mais est-ce que tu sais combien de pointes il y a sur la feuille d'érable du drapeau canadien?

Jacques：Voilà une question à laquelle je ne sais vraiment pas répondre. Laisse-moi réfléchir, une, deux, trois...

这个问题可真把我问住了。

"把……问住了"signifie que la personne questionnée, ne sait pas répondre à la question ou ne sait pas comment répondre.

二

　　陈静的一本书里有一片红叶,她说那是男朋友送给她的生日礼物。这可真有意思,把红叶当做[15]生日礼物送给女朋友,我以前从来[16]没有听说过。

　　陈静的生日是十月十五,那时候北京香山[37]上的红叶还很少。陈静和男朋友认识快两年了,今年是她男朋友第一次给她过生日,送给她的礼物只有这片红叶。这也是男朋友送给她的唯一[17]的礼物。陈静说,那天他们在香山,男朋友捧[18]着自己摘[19]来的红叶,就像[20]捧着自己的心[21],请她收[22]下。她感动[23]得差点儿流[24]下了眼泪[25]。

　　有人笑话[26]陈静,说她找的男朋友太小气[27]了,舍不得[28]花[29]钱买礼物。可是陈静自己不这么想。她觉得爱情[30]不需要用钱来表达[31],重要[32]的是男朋友爱[33]不爱她。

　　香山的红叶红红的,圆圆的,看上去真有点儿像一颗[34]心。难怪陈静那么爱惜[35],生怕[36]把它弄破了。

陳静的一本書裏有一片紅葉，她説那是男朋友送給她的生日禮物。這可真有意思，把紅葉當做[15]生日禮物送給女朋友，我以前從來[16]没有聽説過。

陳静的生日是十月十五，那時候北京香山[37]上的紅葉還很少。陳静和男朋友認識快兩年了，今年是她男朋友第一次給她過生日，送給她的禮物祇有這片紅葉。這也是男朋友送給她的唯一[17]的禮物。陳静説，那天他們在香山，男朋友捧[18]著自己摘[19]來的紅葉，就像[20]捧著自己的心[21]，請她收[22]下。她感動[23]得差點兒流[24]下了眼淚[25]。

有人笑話[26]陳静，説她找的男朋友太小氣[27]了，捨不得[28]花[29]錢買禮物。可是陳静自己不這麽想。她覺得愛情[30]不需要用錢來表達[31]，重要[32]的是男朋友愛[33]不愛她。

香山的紅葉紅紅的，圓圓的，看上去真有點兒像一顆[34]心。難怪陳静那麽愛惜[35]，生怕[36]把它弄破了。

Texte en Pinyin

Chén Jìng de yì běn shū li yǒu yí piàn hóngyè, tā shuō nà shì nánpéngyou sòng gěi tā de shēngrì lǐwù. Zhè kě zhēn yǒu yìsi, bǎ hóngyè dàngzuò shēngrì lǐwù sòng gěi nǚpéngyou, wǒ yǐqián cónglái méiyǒu tīngshuōguo.

Chén Jìng de shēngrì shì shí yuè shíwǔ, nà shíhou Běijīng Xiāng Shān shang de hóngyè hái hěn shǎo. Chén Jìng hé nánpéngyou rènshi kuài liǎng nián le, jīnnián shì tā nánpéngyou dì-yī cì gěi tā guò shēngrì, sòng gěi tā de lǐwù zhǐyǒu zhè piàn hóngyè. Zhè yě shì nánpéngyou sòng gěi tā de wéiyī de lǐwù. Chén Jìng shuō, nà tiān tāmen zài Xiāng Shān, nánpéngyou pěng-

第一课　红　叶

zhe zìjǐ zhāilái de hóngyè, jiù xiàng pěngzhe zìjǐ de xīn, qǐng tā shōuxià. Tā gǎndòng de chàdiǎnr liúxiàle yǎnlèi.

　　Yǒu rén xiàohua Chén Jìng, shuō tā zhǎo de nánpéngyou tài xiǎoqì le, shěbude huā qián mǎi lǐwù. Kěshì Chén Jìng zìjǐ bú zhème xiǎng. Tā juéde àiqíng bù xūyào yòng qián lái biǎodá, zhòngyào de shì nánpéngyou ài bu ài tā.

　　Xiāng Shān de hóngyè hónghóng de, yuányuán de, kàn shangqu zhēn yǒudiǎnr xiàng yì kē xīn. Nánguài Chén Jìng nàme àixī, shēngpà bǎ tā nòngpò le.

Traduction française

　　Dans l'un des livres de Chen Jing, il y avait une feuille rouge. Elle a dit que c'était un cadeau d'anniversaire de son petit ami. C'est vraiment intéressant. Donner une feuille rouge à sa petite amie comme cadeau d'anniversaire, je n'ai jamais entendu cela.

　　L'anniversaire de Chen Jing était le 15 octobre. À cette période, il n'y avait pas encore beaucoup de feuilles rouges sur la colline parfumée de Beijing. Chen Jing et son petit ami se sont rencontrés il y a plus de deux ans. Cette année, c'était la première fois que son petit ami fêtait son anniversaire avec elle et le cadeau qu'il lui a offert était juste cette feuille rouge. Chen Jing raconte que le jour où ils étaient sur la Colline parfumée, lorsque son petit ami lui a apporté une feuille rouge qu'il venait de cueillir, en la tenant dans ses mains comme s'il avait porté son propre cœur et lui a demandé de l'accepter, elle a été tellement touchée qu'elle a failli pleurer.

　　Certaines personnes se seraient moquées de Chen Jing, en disant que son petit ami est trop avare pour dépenser de l'argent pour lui acheter un cadeau. Mais Chen Jing ne pense pas comme ça. Elle trouve que l'amour ne se mesure pas avec de l'argent et que ce qui est réellement important c'est qu'il l'aime ou non.

La feuille de la Colline parfumée est rouge, ronde et ressemble un peu à un coeur. Il n'est pas étonnant que Chen Jing la chérisse tellement de peur de la perdre.

看上去

　　Ceci indique que le narrateur exprime une impression ou un jugement venant de son observation. Par exemple：" 他看上去只有二十岁 "；" 看上去马上要下雨了。"

yǔ   fǎ
语　法　Grammaire

（一）"把"字句（2）　La phrase avec "把"（2）

　　La forme commune de la phrase avec "把" est: "A 把 B + V.Compl.（了），" dans laquelle le complément est d'habitude un complément de résultat ou de direction du verbe. Par exemple:

Ex.　(1) 小心点儿，别把它弄破了。
　　　(2) 难怪陈静那么爱惜，生怕把它弄丢了。
　　　(3) 她把我的衣服弄脏了。
　　　(4) 老师把我的名字写错了。
　　　(5) 要是你能把这个问题说清楚，你就可以走了。

(6) 我的电脑坏了，你能把它修好吗？
(7) 小偷把我的钱包偷走了。
(8) 我要把它记下来。
(9) 请你把那本书拿过来。
(10) 请大家把作业交上来。

Le sujet de la phrase avec "把" est en général un être vivant, mais il peut aussi être un objet sans vie avec certaines capacités ou pouvoir. Par exemple:

Ex. (1) 这个问题可真把我问住了。
(2) 风把衣服刮掉了。
(3) 孩子的话把她气坏了。

（二）"是……的"句（2） La phrase "是……的"（2）

Dans les phrases chinoises qui ont soit un verbe comme prédicat, soit des adjectifs comme prédicat, la partie prédicative peut contenir"是……的.""是……的"exprime un ton affirmatif ou de conviction de la part de l'orateur vers l'auditeur. Ce type de phrase est en général utilisé pour commenter, raconter et décrire le sujet. Cette forme exprime une affirmation, par conséquent, la forme "不＋是……的" n'existe pas. Néanmoins, une expression négative peut être placée à l'intérieur de la forme"是……的". Par exemple:

Ex. (1) 加拿大的枫叶是非常有名的。
(2) 狗是很聪明的。
(3) 我觉得你这样做是对的。
(4) 这片红叶是不能送给你的。
(5) 我想她是不会这样做的。
(6) 上课的时候是不能睡觉的。
(7) 今天是不会下雨的。

Dì-èr kè Huāxīn luóbo
第二课 花心 萝卜[1]
Leçon deux Le radis au cœur fleuri

cí yǔ
词 语
Expression et mots nouveaux

1.	萝卜	N.	luóbo	radis, navet	蘿蔔
2.	晚会	N.	wǎnhuì	soirée	晚會
3.	侄儿	N.	zhí'ér	neveu (côté paternel)	姪兒
4.	周岁	N.	zhōusuì	un an de vie, premier anniversaire	週歲
5.	全	Adj.	quán	total, complet	
6.	亲戚	N.	qīnqi	parents, relation	親戚
7.	祝贺	V.	zhùhè	féliciter	祝賀
8.	夸	V.	kuā	louer, apprécier	誇
9.	主角	N.	zhǔjué	rôle principal, héros	
10.	表演	V.	biǎoyǎn	jouer un spectacle	
11.	节目	N.	jiémù	numéro (d'un programme)	節目
12.	大人	N.	dàrén	adulte	
13.	面前	N.	miànqián	devant	
14.	抓	V.	zhuā	prendre, ramasser	
15.	将来	M.T.	jiānglái	dans l'avenir; futur	將來
16.	有关	V.	yǒuguān	concerner	有關
17.	巧克力	N.	qiǎokèlì	chocolat 盒 块	
18.	小家伙	N.	xiǎojiāhuo	petit garçon	小傢伙
19.	本来	Adv.	běnlái	à l'origine	本來
20.	举行	V.	jǔxíng	avoir lieu	舉行

21. 仪式	N.	yíshì	cérémonie, rite		儀式
22. 高级	Adj.	gāojí	niveau supérieur		高級
23. 长	V.	zhǎng	grandir, pousser		長
24. 胖	Adj.	pàng	gros		
25. 样子	N.	yàngzi	apparence, manière, air		樣子
26. 聪明	Adj.	cōngming	intelligent		聰明
27. 活泼	Adj.	huópō	vivant		活潑
28. 红包	N.	hóngbāo	enveloppe rouge (dans lequel on met de l'argent pour donner à quelqu'un comme un pourboire, un cadeau ou un don)		紅包
29. 盒	Spéc.	hé	boîte		
30. 轻	Adj.	qīng	léger		輕
31. 情义	N.	qíngyì	affection		情義
32. 重	Adj.	zhòng	lourd; profond; sérieux		
33. 桌子	N.	zhuōzi	table; bureau	张	
34. 玩具	N.	wánjù	jouet		
35. 手枪	N.	shǒuqiāng	pistolet	把	手槍
36. 口红	N.	kǒuhóng	rouge à lèvres	支	口紅
37. 摸	V.	mō	toucher, caresser		
38. 竟然	Adv.	jìngrán	en fait, de manière inattendue		

课文 Texte
<small>kè wén</small>

一

雅克来找陈静，请她去看电影。

雅克：陈静，今天晚上有时间吗？我想请你看电影。

陈静：对不起，我今天晚上要参加一个非常重要的生日晚会[2]。

雅克：谁的生日那么重要？是你男朋友吗？

陈静：不是。今天是我侄儿[3]一周岁[4]生日，我们全[5]家都要参加。

雅克：一周岁的孩子也开生日晚会？

陈静：是啊，亲戚[6]朋友都要去祝贺[7]。

雅克：孩子那么小，他懂什么呀？

陈静：这孩子，谁见了谁夸[8]。今天他是主角[9]，还要给大家表演[10]节目[11]呢。

雅克：表演节目？

陈静：大人[12]把很多东西放在孩子面前[13]，让他抓[14]，先抓什么，将来[15]他就可能喜欢做什么，或者是跟那个有关[16]的事。这叫抓周。

雅克：可他才一岁，什么都不懂啊。

陈静：是啊，谁也不知道他会先抓什么。

雅克：有意思。我也想参加，可以吗？

陈静：非常欢迎。不过，电影票怎么办呢？

雅克：没关系，我可以把票送给别人。对了，我送点儿什么礼物给孩子呢？

陈静：你想送什么就送什么，什么都不送也没关系。

雅克：那怎么行？我这儿有加拿大巧克力[17]，不知道他喜欢不喜欢。

陈静：肯定喜欢。小家伙[18]最爱吃了。

雅克：陳静，今天晚上有时间吗？我想请你看电影。

陳静：對不起，我今天晚上要参加一个非常重要的生日晚會[2]。

雅克：誰的生日那麼重要？是你男朋友嗎？

陳靜：不是。今天是我姪兒³一週歲⁴生日，我們全⁵家都要參加。

雅克：一週歲的孩子也開生日晚會？

陳靜：是啊，親戚⁶朋友都要去祝賀⁷。

雅克：孩子那麼小，他懂甚麼呀？

陳靜：這孩子，誰見了誰誇⁸。今天他是主角⁹，還要給大家表演¹⁰節目¹¹呢。

雅克：表演節目？

陳靜：大人¹²把很多東西放在孩子面前¹³，讓他抓¹⁴，先抓甚麼，將來¹⁵他就可能喜歡做甚麼，或者是跟那個有關¹⁶的事。這叫抓週。

雅克：可他纔一歲，甚麼都不懂啊。

陳靜：是啊，誰也不知道他會先抓甚麼。

雅克：有意思。我也想參加，可以嗎？

陳靜：非常歡迎。不過，電影票怎麼辦呢？

雅克：沒關係，我可以把票送給別人。對了，我送點兒甚麼禮物給孩子呢？

陳靜：你想送甚麼就送甚麼，甚麼都不送也沒關係。

雅克：那怎麼行？我這兒有加拿大巧克力¹⁷，不知道他喜歡不喜歡。

陳靜：肯定喜歡。小傢伙¹⁸最愛吃了。

Texte en Pinyin

Yǎkè： Chén Jìng, jīntiān wǎnshang yǒu shíjiān ma? Wǒ xiǎng qǐng nǐ kàn diànyǐng.

Chén Jìng： Duìbuqǐ, wǒ jīntiān wǎnshang yào cānjiā yí ge fēicháng zhòngyào de shēngrì wǎnhuì.

Yǎkè： Shuí de shēngrì nàme zhòngyào? Shì nǐ nánpéngyou ma?

Chén Jìng： Bú shì. Jīntiān shì wǒ zhí'ér yì zhōusuì shēngrì, wǒmen quán jiā dōu yào cānjiā.

Yǎkè： Yì zhōusuì de háizi yě kāi shēngrì wǎnhuì?

Chén Jìng： Shì a, qīnqi péngyou dōu yào qù zhùhè.

Yǎkè： Háizi nàme xiǎo, tā dǒng shénme ya?

Chén Jìng： Zhè háizi, shuí jiànle shuí kuā. Jīntiān tā shì zhǔjué, hái yào gěi dàjiā biǎoyǎn jiémù ne.

Yǎkè： Biǎoyǎn jiémù?

Chén Jìng： Dàrén bǎ hěn duō dōngxi fàng zài háizi miànqián, ràng tā zhuā, xiān zhuā shénme, jiānglái tā jiù kěnéng xǐhuan zuò shénme, huòzhě shì gēn nà ge yǒuguān de shì. Zhè jiào zhuā zhōu.

Yǎkè： Kě tā cái yí suì, shénme dōu bù dǒng a.

Chén Jìng： Shì a, shuí yě bù zhīdào tā huì xiān zhuā shénme.

Yǎkè： Yǒu yìsi. Wǒ yě xiǎng cānjiā, kěyǐ ma?

Chén Jìng： Fēicháng huānyíng. Búguò, diànyǐngpiào zěnme bàn ne?

Yǎkè： Méi guānxi, wǒ kěyǐ bǎ piào sòng gěi biéren. Duìle, wǒ sòng diǎnr shénme lǐwù gěi háizi ne?

Chén Jìng： Nǐ xiǎng sòng shénme jiù sòng shénme, shénme dōu bú sòng yě méi guānxi.

Yǎkè： Nà zěnme xíng? Wǒ zhèr yǒu Jiānádà qiǎokèlì, bù zhīdào tā xǐhuan bù xǐhuan.

Chén Jìng： Kěndìng xǐhuan. Xiǎo jiāhuo zuì ài chī le.

Traduction française

Jacques vient inviter Chen Jing à aller au cinéma.

Jacques : Chen Jing, es-tu libre ce soir? J'aimerais t'amener au cinéma.
Chen Jing : Je suis désolée. Je dois participer à une soirée d'anniversaire très importante ce soir.
Jacques : C'est l'anniversaire de qui de si important? Celui de ton petit ami?
Chen Jing : Non. Aujourd'hui c'est le premier anniversaire de mon neveu. Toute ma famille sera présente pour la soirée.
Jacques : Tu vas assister à une soirée pour un enfant d'un an seulement?
Chen Jing : Oui. Les parents et les amis vont tous aller le féliciter.
Jacques : L'enfant est si petit, comment peut-il comprendre?
Chen Jing : Tout le monde va lui dire des mots doux. Il est la vedette de ce soir, et il va nous faire une représentation.
Jacques : Une représentation?
Chen Jing : Les adultes vont placer beaucoup d'objets devant l'enfant et celui qu'il ramasse en premier suggère le travail qu'il aimerait faire plus tard ou au moins quelque chose qui a un rapport avec ça. Cela s'appelle 《la cérémonie de Ramassage du premier anniversaire》 (Zhua zhou).
Jacques : Mais il n'a qu'un an et il ne comprend pas grand chose.
Chen Jing : Justement. Personne ne sait ce qu'il va prendre en premier.
Jacques : C'est intéressant. J'aimerais bien y assister. Est-ce possible?

Chen Jing：Tu es le bienvenu. Mais que vas-tu faire des billets de cinéma?

Jacques：Aucune importance. Je peux les donner à quelqu'un. Oh, oui, quel cadeau puis-je donner à l'enfant?

Chen Jing：Ce que tu veux. Ce n'est pas grave même si tu ne donnes rien.

Jacques：Ça ne se fait pas. J'ai des chocolats canadiens ici, mais je ne sais pas s'il les aime.

Chen Jing：Il les aime sûrement. Le petit est gourmand.

（一）我们全家都要参加

"全" signifie "tout". Il peut qualifier un nom. Par exemple: "全国/全市/全校/全班". "全" peut aussi qualifier un prédicat. Par exemple, "同学们全走了。" Dans ce cas, "全" est identique à "都".

（二）对了

Cette expression indique que l'orateur se souvient tout d'un coup de quelque chose. Elle est souvent utilisée dans la langue parlée quand quelqu'un veut changer de sujet de conversation.

二

今天我本来[19]想请陈静去看电影。票已经买好了,可是陈静说,今天是她侄儿的一周岁生日,要举行[20]一个抓周仪式[21]。我很想知道中国的抓周是怎么回事,就跟陈静一起去了。

晚会是在一家挺高级[22]的饭店举行的。陈静的侄儿长[23]得又白又胖[24],特别爱笑,样子[25]很可爱,看上去是一个聪明[26]、活泼[27]的孩子。参加晚会的人很多,每个人都给孩子送了红包[28]。因为我只给孩子带了一盒[29]巧克力,所以有点儿不好意思。但是陈静说没关系,"礼轻[30]情义[31]重[32]"嘛。

抓周开始了,大人们在桌子[33]上放了很多东西:玩具[34]汽车、玩具手枪[35]、巧克力、水果、钱、书、口红[36],还有很多别的东西。小家伙看看这个,摸[37]摸那个,最后抓起来的竟然[38]是口红。大家都笑了,说:"一岁看到大,这孩子将来肯定是个'花心萝卜'。"

第二课　花心蘿蔔

今天我本來[19]想請陳靜去看電影。票已經買好了，可是陳靜說，今天是她姪兒的一週歲生日，要舉行[20]一個抓週儀式[21]。我很想知道中國的抓週是怎麼回事，就跟陳靜一起去了。

晚會是在一家挺高級[22]的飯店舉行的。陳靜的姪兒長[23]得又白又胖[24]，特別愛笑，樣子[25]很可愛，看上去是一個聰明[26]、活潑[27]的孩子。參加晚會的人很多，每個人都給孩子送了紅包[28]。因為我祇給孩子帶了一盒[29]巧克力，所以有點兒不好意思。但是陳靜說沒關係，"禮輕[30]情義[31]重[32]"嘛。

抓週開始了，大人們在桌子[33]上放了很多東西：玩具[34]汽車、玩具手槍[35]、巧克力、水果、錢、書、口紅[36]，還有很多別的東西。小傢伙看看這個，摸[37]摸那個，最後抓起來的竟然[38]是口紅。大家都笑了，說："一歲看到大，這孩子將來肯定是個'花心蘿蔔'。"

Texte en Pinyin

Jīntiān wǒ běnlái xiǎng qǐng Chén Jìng qù kàn diànyǐng. Piào yǐjīng mǎihǎo le, kěshì Chén Jìng shuō, jīntiān shì tā zhí'ér de yì zhōusuì shēngrì, yāo jǔxíng yíge zhuā zhōu yíshì. Wǒ hěn xiǎng zhīdao Zhōngguó de zhuā zhōu shì zěnme huí shì, jiù gēn Chén Jìng yìqǐ qù le.

Wǎnhuì shì zài yì jiā tǐng gāojí de fàndiàn jǔxíng de. Chén Jìng de zhí'ér zhǎng de yòu bái yòu pàng, tèbié ài xiào, yàngzi hěn kě'ài, kàn shangqu shì yí ge cōngming huópō de háizi.

Cānjiā wǎnhuì de rén hěn duō, měi ge rén dōu gěi háizi sòngle hóngbāo. Yīnwèi wǒ zhǐ gěi háizi dàile yì hé qiǎokèlì, suǒyǐ yǒudiǎnr bù hǎoyìsi. Dànshì Chén Jìng shuō méiguānxi, "lǐqīng qíngyì zhòng" ma.

Zhuā zhōu kāishǐ le, dàrénmen zài zhuōzi shang fàngle hěn duō dōngxi: wánjù qìchē, wánjù shǒuqiāng, qiǎokèlì, shuǐguǒ, qián, shū, kǒuhóng, háiyǒu hěn duō bié de dōngxi. Xiǎojiāhuo kànkan zhè ge, mōmo nà ge, zuìhòu zhuā qilai de jìngrán shì kǒuhóng. Dàjiā dōu xiào le, shuō: "Yí suì kàndào dà, zhè háizi jiānglái kěndìng shì ge 'huāxīn luóbo'."

Traduction française

J'avais acheté des billets de cinéma et je voulais inviter Chen Jing au cinéma aujourd'hui. Mais elle m'a dit qu'aujourd'hui c'était le premier anniversaire de son neveu et qu'il y aurait une cérémonie de 《Ramassage du premier anniversaire》 en présence de toute la famille. J'ai très envie de savoir ce qu'est la 《cérémonie chinoise de Ramassage du premier anniversaire》, donc j'y suis allé avec Chen Jing.

La fête a eu lieu dans un hôtel très chic. Le neveu de Chen Jing est un enfant adorable, dodu et très souriant. Il a l'air intelligent et en pleine forme. Il y avait beaucoup de monde à la soirée. Chacun a donné une enveloppe rouge à l'enfant. Comme je n'ai amené qu'une boîte de chocolat, je me suis senti un peu gêné. Cependant, Chen Jing a dit que ce n'était pas grave, "le cadeau peut être insignifiant, c'est l'intention qui compte".

Quand la cérémonie de Ramassage du premier anniversaire a commencé, les adultes ont placé beaucoup d'objets sur la table: une petite voiture, un pistolet jouet, des chocolats, des fruits, de l'argent, des livres, du rouge à lèvres et beaucoup d'autre choses. Le petit garçon regardait ceci, touchait cela, et par surprise il a finalement ramassé le rouge à lèvres. Tout le monde a ri en disant que "si on peut prédire ce que sera l'adulte en partant de l'enfant d'un an, cet enfant sera sûrement un radis au coeur fleuri."

Notes

（一）礼轻情义重

La version complète de cette expression est "千里送鹅毛，礼轻情义重". Cela veut dire que le cadeau peut être léger comme une plume d'oie, mais venu de loin il donne une profonde émotion.

（二）一岁看到大

Cela veut dire qu'on peut prévoir le caractère d'une personne adulte à partir de ses comportements d'enfance. Une autre expression similaire est "三岁看到老".

（三）花心萝卜

Littéralement, cela veut dire "un radis au coeur fleuri". C'est une expression qui désigne un homme infidèle ou un coureur de jupons.

语法 Grammaire
yǔ fǎ

疑问词的任指用法 Les pronoms interrogatifs indéfinis

Les pronoms interrogatifs comme "谁", "什么", ou "哪", peuvent être utilisés dans des phrases affirmatives pour indiquer une personne ou une chose indéfinie. Par exemple, "谁" fait référence à "quiconque"; "什么" fait référence à "quoi que ce soit"; "哪里/哪儿" fait référence à "n'importe où". Dans cette circonstance, ces pronoms interrogatifs ne signifient pas l'interrogation. En général, ils sont suivis de l'adverbe "都" ou "也". Par exemple:

Ex.
(1) 谁也不知道他会抓什么。
(2) 谁也不知道他心里是怎么想的。
(3) 他什么都不懂。
(4) 你什么时候走都可以。
(5) 星期天我哪儿也不去，就在家里看书。

Quelques fois, les pronoms interrogatifs sont utilisés dans des phrases comportant plusieurs propositions pour représenter les personnes, les objets, les qualités ou les manières particulières. Dans ce cas, les pronoms interrogatifs dans la deuxième proposition doivent être répétés et l'adverbe "就" est souvent utilisé. Par exemple:

Ex.
(1) 谁想去谁（就）去。
(2) 谁给的钱多我就卖给谁。
(3) 你想送什么就送什么，什么都不送也没关系。
(4) 先抓什么，将来他就可能喜欢做什么。
(5) 别客气，你爱吃什么就吃什么。
(6) 你什么时候看见她就什么时候告诉她。
(7) 我这儿有很多书，你爱看哪一本就看哪一本。

3

Dì-sān kè Bié gēn zìjǐ guòbuqù[1]
第 三 课 别 跟 自己 过不去
Leçon trois Ne sois pas trop exigeante envers toi-même

cí yǔ
词 语

Expression et mots nouveaux

1. 过不去		guòbuqù	être dur avec quelqu'un, se montrer exigeant	過不去
2. 帮忙	V.O.	bāng máng	aider, assister	幫忙
3. 帮	V.	bāng	aider, assister	幫
4. 读	V.	dú	lire	讀
5. 篇	Spéc.	piān	spécificatif pour un article ou un texte	
6. 课文	N.	kèwén	texte [篇]	課文
7. 录	V.	lù	enregistrer	錄
8. 一边……, 一边……		yìbiān..., yìbiān...	en même temps que, simultanément	一邊……, 一邊……
9. 而且	Conj.	érqiě	de plus, mais aussi	
10. 习惯	N., V.	xíguǎn	habitude, coutume; s'habituer à, avoir l'habitude de [个][种]	習慣
11. 口音	N.	kǒuyīn	accent	
12. 地道	Adj.	dìdao	authentique, typique, pur, véritable; excellent	
13. 主持人	N.	zhǔchírén	président (d'une cérémonie ou un banquet), présentateur de TV	

27

14.	既……, 又……		jì..., yòu...	tant...que, aussi bien que, non seulement..., mais encore	
15.	奇怪	Adj.	qíguài	étrange, étonnant, bizarre	
16.	爷爷	N.	yéye	grand-père (côté paternel), papi	爺爺
17.	移民	N., V.	yímín	immigré; immigrer	
18.	提出	V.	tíchū	présenter, proposer	
19.	申请	N., V.	shēnqǐng	demande; demander, adresser une requête	申請
20.	移民局	N.	yímínjú	bureau d'immigration	
21.	批准	V.	pīzhǔn	approuver, ratifier	批準
22.	总是	Adv.	zǒngshì	toujours	總是
23.	生	V.	shēng	naître, donner naissance à	
24.	中学	N.	zhōngxué	école secondaire collège, lycée	中學
25.	毕业	V.O.	bì yè	terminer ses études; obtenir le diplôme de fin d'études	畢業
26.	实话	N.	shíhuà	la vérité	實話
27.	情况	N.	qíngkuàng	situation, condition, circonstances	情況
28.	原因	N.	yuányīn	cause, raison	
29.	简单	Adj.	jiǎndān	simple	簡單
30.	祖先	N.	zǔxiān	ancêtres, aïeux	
31.	世界	N.	shìjiè	monde	
32.	正常	Adj.	zhèngcháng	normal, régulier	
33.	也许	Adv.	yěxǔ	peut-être, probablement	也許
34.	其实	Adv.	qíshí	en réalité, en fait, au fond	其實
35.	基本	Adj.	jīběn	fondamental, élémentaire	
36.	说不定		shuōbudìng	peut-être, probablement, difficile à dire	説不定
37.	变成	V.	biànchéng	devenir, transformer	變成
38.	方言	N.	fāngyán	dialecte	种

Noms propres

39. 意大利　　Yìdàlì　　　　Italie
40. 魁北克　　Kuíběikè　　　Québec

kè wén 课文 Texte

一、

白小红来找江山，请他帮助学英语。

白小红：江山，帮个忙² 怎么样？
江　山：没问题，需要我做什么？
白小红：帮³ 我读⁴ 几篇⁵ 课文⁶。
江　山：什么？让我帮你读课文？

白小红：是啊，我想请你帮我把课文录[7]下来，我一边[8]听，一边学。

江　山：为什么？

白小红：是这样的，我在中国学的是英国英语，而且[9]学得不好，特别是发音，差不多就是"中国英语"。

江　山：你的英语很好听啊，我已经越来越习惯[10]你的发音了。

白小红：我的口音[11]太重了。我要像你一样，说一口地道[12]的美国英语。

江　山：那你应该跟电视节目的主持人[13]学。我的英语也有口音——既[14]有法语口音，又有意大利[39]语口音。

白小红：怎么会这样呢？

江　山：这不奇怪[15]。我爷爷[16]是意大利人，我妈妈是魁北克[40]人，我刚到美国三年。

白小红：这可真有意思！

江　山：有意思的事儿多着呢。听说你想移民[17]？

白小红：是啊，我已经提出[18]了申请[19]，可是不知道移民局[20]什么时候能批准[21]。

江　山：应该很快吧！

白小红：所以我想早点儿学会标准的美国英语，越早越好。

江　山：连我这个美国人说的都不是标准的美国英语，你为什么一定要说标准的美国英语呢？我觉得你说的话别人能听懂就行了。

白小红：可是……

江　山：别"可是"了。你的英语又流利又好听，你别跟自己过不去了。

白小紅：江山，幫個忙² 怎麽樣？

江　山：沒問題，需要我做甚麽？

白小紅：幫³ 我讀⁴ 幾篇⁵ 課文⁶。

江　山：甚麽？讓我幫你讀課文？

白小紅：是啊，我想請你幫我把課文錄⁷ 下來，我一邊⁸ 聽，一邊學。

江　山：爲甚麽？

白小紅：是這樣的，我在中國學的是英國英語，而且⁹ 學得不好，特別是發音，差不多就是"中國英語"。

江　山：你的英語很好聽啊，我已經越來越習慣¹⁰ 你的發音了。

白小紅：我的口音¹¹ 太重了。我要像你一樣，説一口地道¹² 的美國英語。

江　山：那你應該跟電視節目的主持人¹³ 學。我的英語也有口音——既¹⁴ 有法語口音，又有意大利³⁹ 語口音。

白小紅：怎麽會這樣呢？

江　山：這不奇怪¹⁵。我爺爺¹⁶ 是意大利人，我媽媽是魁北克[40]人，我剛到美國三年。
白小紅：這可真有意思！
江　山：有意思的事兒多著呢。聽說你想移民[17]？
白小紅：是啊，我已經提出[18]了申請[19]，可是不知道移民局[20]甚麼時候能批准[21]。
江　山：應該很快吧！
白小紅：所以我想早點兒學會標準的美國英語，越早越好。
江　山：連我這個美國人說的都不是標準的美國英語，你為甚麼一定要說標準的美國英語呢？我覺得你說的話別人能聽懂就行了。
白小紅：可是……
江　山：別"可是"了。你的英語又流利又好聽，你別跟自己過不去了。

Texte en Pinyin

Bái Xiǎohóng：Jiāng Shān, bāng ge máng zěnmeyàng?
Jiāng Shān：Méi wèntí, xūyào wǒ zuò shénme?
Bái Xiǎohóng：Bāng wǒ dú jǐ piān kèwén.
Jiāng Shān：Shénme? Ràng wǒ bāng nǐ dú kèwén?
Bái Xiǎohóng：Shì a, wǒ xiǎng qǐng nǐ bāng wǒ bǎ kèwén lù xialai, wǒ yìbiān tīng, yìbiān xué.
Jiāng Shān：Wèi shénme?
Bái Xiǎohóng：Shì zhèyàng de, wǒ zài Zhōngguó xué de shì Yīngguó Yīngyǔ, érqiě xué de bù hǎo, tèbié shì fāyīn, chàbuduō jiù shì "Zhōngguó Yīngyǔ".

第三课　别跟自己过不去

Jiāng Shān： Nǐ de Yīngyǔ hěn hǎotīng a, wǒ yǐjīng yuèláiyuè xíguàn nǐ de fāyīn le.

Bái Xiǎohóng： Wǒ de kǒuyīn tài zhòng le. Wǒ yào xiàng nǐ yíyàng, shuō yìkǒu dìdao de Měiguó Yīngyǔ.

Jiāng Shān： Nà nǐ yīnggāi gēn diànshì jiémù de zhǔchírén xué. Wǒ de Yīngyǔ yě yǒu kǒuyīn——jì yǒu Fǎyǔ kǒuyīn, yòu yǒu Yìdàlìyǔ kǒuyīn.

Bái Xiǎohóng： Zěnme huì zhèyàng ne?

Jiāng Shān： Zhè bù qíguài. Wǒ yéye shì Yìdàlìrén, wǒ māma shì Kuíběikèrén, wǒ gāng dào Měiguó sān nián.

Bái Xiǎohóng： Zhè kě zhēn yǒu yìsi!

Jiāng Shān： Yǒu yìsi de shìr duō zhene. Tīngshuō nǐ xiǎng yímín?

Bái Xiǎohóng： Shì a, wǒ yǐjīng tíchūle shēnqǐng, kěshì bù zhīdào yímínjú shénme shíhòu néng pīzhǔn.

Jiāng Shān： Yīnggāi hěn kuài ba!

Bái Xiǎohóng： Suǒyǐ wǒ xiǎng zǎodiǎnr xuéhuì biāozhǔn de Měiguó Yīngyǔ, yuè zǎo yuè hǎo.

Jiāng Shān： Lián wǒ zhè ge Měiguórén shuō de dōu bú shì biāozhǔn de Měiguó Yīngyǔ, nǐ wèi shénme yídìng yào shuō biāozhǔn de Měiguó Yīngyǔ ne? Wǒ juéde nǐ shuō de huà biéren néng tīngdǒng jiù xíng le.

Bái Xiǎohóng： Kěshì...

Jiāng Shān： Bié "kěshì" le. Nǐ de Yīngyǔ yòu liúlì yòu hǎotīng, nǐ bié gēn zìjǐ guòbuqù le.

Traduction française

Bai Xiaohong demande à Jiang Shan de l'aider à apprendre l'anglais.

Bai Xiaohong：Jiang Shan, peux-tu me donner un coup de main?
Jiang Shan：Sans problème. Qu'est-ce que tu veux que je fasse?
Bai Xiaohong：Lis quelques textes pour moi.
Jiang Shan：Quoi? Tu veux que je lise quelques textes?
Bai Xiaohong：Oui, je te demande d'enregistrer des textes pour que je puisse les étudier en écoutant l'enregistrement.
Jiang Shan：Pourquoi?
Bai Xiaohong：C'est parce qu'en Chine j'ai étudié l'anglais d'Angleterre et en plus je n'ai pas bien appris, en particulier la prononciation. C'est presque de l'anglais à la chinoise.
Jiang Shan：Ton anglais est très bien ! Je me suis habitué à ta prononciation.
Bai Xiaohong：J'ai trop d'accent. Je voudrais, comme toi, parler un anglais authentique.
Jiang Shan：Alors tu dois apprendre auprès des présentateurs de télévision. Mon anglais a aussi des accents, non seulement l'accent français, mais aussi l'accent italien.
Bai Xiaohong：Comment ça se fait?
Jiang Shan：Ce n'est pas étonnant. Mon grand-père est Italien. Ma mère est Québécoise et moi, je ne vis aux États-Unis que depuis 3 ans.
Bai Xiaohong：C'est très intéressant!

第三课　别跟自己过不去

Jiang Shan：Il y a encore mieux que ça. J'ai entendu dire que tu veux immigrer?

Bai Xiaohong：Oui, j'ai déposé ma demande, mais je ne sais quand j'obtiendrai l'accord du Bureau d'immigration.

Jiang Shan：Ça ne devrait pas tarder.

Bai Xiaohong：Donc, je voudrais apprendre l'anglais standard d'Amérique le plus tôt possible.

Jiang Shan：Même un Américain comme moi ne parle pas l'anglais standard d'Amérique, pourquoi veux-tu absolument le parler? Je pense que du moment que les gens te comprennent, cela suffit.

Bai Xiaohong：Mais...

Jiang Shan：Pas de mais! Tu parles couramment un anglais très agréable à entendre. Ne sois pas si exigeante envers toi-même.

 Notes

（一）我的口音太重了

　　Le mot "重" indique un niveau élevé. "口音重" signifie un《fort accent》.

（二）有意思的事儿多着呢

　　Il signifie "有很多有意思的事儿". Dans la langue parlée, "着呢" est placé derrière un adjectif pour accentuer un ton de persuasion.

（三）别跟自己过不去了

　　"跟自己过不去" signifie, "être trop exigeant envers soi-même;" ici, c'est se fixer des objectifs ou des exigences trop difficiles à atteindre.

35

二

　　白小红真奇怪，总是[22]想着要学标准的美国英语。每天跟着CNN的主持人学还不够，还要跟我学。

　　我生[23]在加拿大，长在加拿大，中学[24]毕业[25]以后才到美国来。我说的英语既不是地道的美国英语，也不是标准的加拿大英语——说实话[26]，我也不知道什么是标准的加拿大英语。我的英语有法语口音，也有意大利语口音。很多人的情况[27]跟我差不多。白小红问我为什么，原因[28]很简单[29]：加拿大和美国都是移民国家，很多人自己或者他们的父母、祖先[30]都是从世界[31]各个地方移民过来的，不过有的来得早一点儿，有的来得晚一点儿，说话有自己母语的口音是很正常[32]的。

白小红是从中国来的。也许³³因为中国有普通话,所以她总是想学习"英语普通话"。其实³⁴,她说的英语挺好听的,我基本³⁵上都能听懂。现在从中国来的移民越来越多,说不定³⁶将来他们说的英语会变成³⁷英语的一种方言³⁸呢。

　　白小紅真奇怪,總是²²想著要學標準的美國英語。每天跟著CNN的主持人學還不夠,還要跟我學。

　　我生²³在加拿大,長在加拿大,中學²⁴畢業²⁵以後纔到美國來。我說的英語既不是地道的美國英語,也不是標準的加拿大英語——說實話²⁶,我也不知道甚麼是標準的加拿大英語。我的英語有法語口音,也有意大利語口音。很多人的情況²⁷跟我差不多。白小紅問我爲甚麼,原因²⁸很簡單²⁹:加拿大和美國都是移民國家,很多人自己或者他們的父母、祖先³⁰都是從世界³¹各個地方移民過來的,不過有的來得早一點兒,有的來得晚一點兒,説話有自己母語的口音是很正常³²的。

　　白小紅是從中國來的。也許³³因爲中國有普通話,所以她總是想學習"英語普通話"。其實³⁴,她説的英語挺好聽的,我基本³⁵上都能聽懂。現在從中國來的移民越來越多,説不定³⁶將來他們説的英語會變成³⁷英語的一種方言³⁸呢。

Texte en Pinyin

Bái Xiǎohóng zhēn qíguài, zǒngshì xiǎngzhe yào xué biāozhǔn de Měiguó Yīngyǔ. Měi tiān gēnzhe CNN de zhǔchírén xué hái bú gòu, hái yào gēn wǒ xué.

Wǒ shēng zài Jiānádà, zhǎng zài Jiānádà, zhōngxué bì yè yǐhòu cái dào Měiguó lái. Wǒ shuō de Yīngyǔ jì bú shì dìdao de Měiguó Yīngyǔ, yě bú shì biāozhǔn de Jiānádà Yīngyǔ——shuō shíhuà, wǒ yě bù zhīdào shénme shì biāozhǔn de Jiānádà Yīngyǔ. Wǒ de Yīngyǔ yǒu Fǎyǔ kǒuyīn, yě yǒu Yìdàlìyǔ kǒuyīn. Hěn duō rén de qíngkuàng gēn wǒ chàbuduō. Bái Xiǎohóng wèn wǒ wèi shénme, yuányīn hěn jiǎndān: Jiānádà hé Měiguó dōu shì yímín guójiā, hěn duō rén zìjǐ huòzhě tāmen de fùmǔ, zǔxiān dōu shì cóng shìjiè gè gè dìfang yímín guòlai de, búguò yǒude lái de zǎo yìdiǎnr, yǒude lái de wǎn yìdiǎnr, shuō huà yǒu zìjǐ mǔyǔ de kǒuyīn shì hěn zhèngcháng de.

Bái Xiǎohóng shì cóng Zhōngguó lái de. Yěxǔ yīnwèi Zhōngguó yǒu pǔtōnghuà, suǒyǐ tā zǒngshì xiǎng xuéxí "Yīngyǔ pǔtōnghuà". Qíshí, tā shuō de Yīngyǔ tīng hǎotīng de, wǒ jīběn shang dōu néng tīngdǒng. Xiànzài cóng Zhōngguó lái de yímín yuèláiyuè duō, shuōbudìng jiānglái tāmen shuō de Yīngyǔ huì biànchéng Yīngyǔ de yì zhǒng fāngyán ne.

Traduction française

Il est vraiment étrange que Bai Xiaohong ait toujours eu envie d'apprendre l'anglais standard d'Amérique. Comme si ce n'était pas suffisant d'apprendre tous les jours auprès des présentateurs de CNN, elle veut encore l'apprendre avec moi.

Je suis né au Canada, j'ai grandi au Canada, et je suis arrivé aux

États-Unis seulement après l'école secondaire. L'anglais que je parle n'est ni l'anglais américain authentique, ni l'anglais canadien standard - à vrai dire, je ne sais pas ce que c'est que l'anglais canadien standard. Mon anglais a l'accent français et l'accent italien. Beaucoup de gens sont dans la même situation que moi. Bai Xiaohong me demande pourquoi. La raison est très simple: le Canada et les États-Unis sont tous les deux des pays d'immigrés. Beaucoup de gens, eux-mêmes ou leurs parents, ou leurs ancêtres ont immigré des quatre coins du monde. Seulement certains sont venus plus tôt que les autres. Il est normal qu'ils parlent anglais avec l'accent de leur langue maternelle.

Bai Xiaohong vient de Chine. C'est peut-être parce qu'il existe un chinois standard (Putonghua) en Chine, qu'elle a toujours envie d'apprendre 《l'anglais standard》. En réalité, son anglais est agréable à entendre et j'arrive à presque tout comprendre. Maintenant il y a de plus en plus d'immigrés chinois, et un jour leur anglais deviendra peut-être un nouveau dialecte anglais.

说实话

　　Cela signifie "dire la vérité". Les expressions qui ont le même sens sont : "说实在话'et'说老实话".

语法 yǔ fǎ Grammaire

固定格式 Quelques modèles fixes

Il existe certains modèles fixes souvent utlisés dans la langue chinoise. En voici quelques uns que nous avons déjà appris:

1. 既……，又……

"et ... et...", "ni... ni..."

Cette structure relie deux prédicats qui peuvent être séparés par une virgule, et leur ordre est interchangeable. Par exemple:

> Ex.
> (1) 我的英语也有口音——**既**有法语口音，**又**有意大利语口音。
> (2) 我说的英语**既**不是地道的美国英语，**又**不是标准的加拿大英语。
> (3) 她太忙了，**既**要学汉语，**又**要去打工。
> (4) 她**既**会说英语**又**会说法语。

2. 又……，又……

Cette structure signifie《à la fois...》. Elle relie souvent deux adjectifs. Il n'y a pas de pause entre les deux adjectifs.

> Ex.
> (1) 你的英语**又**流利**又**好听。
> (2) 陈静的侄儿长得**又**白**又**胖。
> (3) 今年的苹果**又**大**又**便宜。
> (4) 马丁的汉语说得**又**标准**又**流利。
> (5) 他**又**喜欢打球，**又**喜欢游泳。

3. 一边……，一边……

Cette structure indique que deux actions se produisent simultanément. Elle peut être simplifiée en"边……边……". Par exemple:

Ex.　(1) 我想请你帮我把课文录下来，我**一边**听，**一边**学。
　　　(2) 她**一边**吃饭，**一边**看电视。
　　　(3) 上课的时候，你要**一边**听，**一边**记。
　　　(4) 来，咱们**边**吃**边**谈。

4. 越……越……

　　Ce modèle suppose une relation de changement ou de progression entre deux actions ou deux états. Cela signifie《Plus..., plus...》.

Ex.　(1) 所以我想早点儿学会标准的美国英语，**越**早**越**好。
　　　(2) 这件事我**越**想**越**生气。
　　　(3) 这片红叶真漂亮，我**越**看**越**喜欢。
　　　(4) 你**越**不让他去，他**越**想去。

Une variante de ce modèle est "越来越……"("...de plus en plus..."). Par exemple:

Ex.　(1) 我已经**越来越**习惯你的发音了。
　　　(2) 现在从中国来的移民**越来越**多。
　　　(3) 冬天来了，天气**越来越**冷。
　　　(4) 马丁的汉语说得**越来越**流利。

5. 连……都/也……

　　C'est une structure d'emphase. "连" souligne un propos en décrivant un cas extrême pour rendre un argument plus convaincant. Par exemple:

Ex.　(1) **连**我这个美国人说的**都**不是标准的美国英语。
　　　(2) 这个问题**连**老师**也**不会。（问题非常难，学生当然不会）
　　　(3) 这个问题**连**三岁的孩子**也**知道怎么回答。（问题非常容易）
　　　(4) 她工作很努力，就**连**星期天**也**不休息。（她每天都工作）
　　　(5) 她**连**中国在哪儿**都**不知道。（她太不了解中国了）

Dì-sì kè Gē yǒu suǒ ài
第四课 各有所爱
Leçon quatre À Chacun son goût

cí yǔ
词语
Expression et mots nouveaux

1.	球赛	N.	qiúsài	ball match	球賽
2.	转播	V.	zhuǎnbō	transmettre (radio ou TV)	轉播
3.	乒乓球	N.	pīngpāngqiú	ping-pong	
4.	比赛	N., V.	bǐsài	match, compétition; faire un match, disputer un match	比賽
5.	篮球	N.	lánqiú	basket-ball	籃球
6.	原来	Adv., Adj.	yuánlái	d'origine; original	原來
7.	球队	N.	qiúduì	équipe	球隊
8.	球星	N.	qiúxīng	vedette, joueur célèbre	
9.	老	Adj.	lǎo	ancien, vieux	
10.	迷	V., Suff.	mí	fou de quelque chose, être fasciné par; fan, fanatique	
11.	只要	Conj.	zhǐyào	à condition que, pourvu que	祇要
12.	难道	Adv.	nándào	Serait-il possible que...? Se pourrait-il que...?	難道
13.	普通	Adj.	pǔtōng	commun, ordinaire	
14.	比如（说）		bǐrú(shuō)	par exemple, supposons que	比如(説)
15.	不管	Conj.	bùguǎn	malgré, en dépit de, n'importe	
16.	水平	N.	shuǐpíng	niveau	
17.	发明	N., V.	fāmíng	invention; inventer	發明
18.	留学	V.O.	liú xué	étudier à l'étranger	留學

第四课　各有所爱

19.	为了	Prép.	wèile	afin de, pour, en vue de	爲了
20.	完成	V.	wánchéng	accomplir, terminer	
21.	体育	N.	tǐyù	éducation physique, sport	體育
22.	作业	N.	zuòyè	travail à la maison	作業
23.	久	Adj.	jiǔ	long, longtemps	
24.	联系	V.	liánxì	contacter, communiquer avec	聯繫
25.	老是	Adv.	lǎoshì	toujours	
26.	愿意	V.	yuànyì	vouloir, être prêt à faire quelque chose, désirer	願意
27.	拒绝	V.	jùjué	refuser, décliner	拒絶
28.	经常	Adv.	jīngcháng	souvent	經常
29.	青菜	N.	qīngcài	légumes verts	
30.	爱好	N., V.	àihào	intérêt, violon d'Ingres, passion; adorer, passionner	愛好
31.	矮	Adj.	ǎi	petit (taille)	
32.	球场	N.	qiúchǎng	terrain (de jeu)	球場
33.	冰球	N.	bīngqiú	hockey sur glace	
34.	偶尔	Adv.	ǒu'ěr	parfois	偶爾
35.	游泳	V.	yóuyǒng	nager	
36.	踢	V.	tī	frapper du pied; jouer au ballon	
37.	足球	N.	zúqiú	football	

Noms propres

38.	芝加哥公牛队	Zhījiāgē Gōngniúduì	Chicago Bulls	芝加哥公牛隊
39.	华盛顿奇才队	Huáshèngdùn Qícáiduì	Washington Wizards	華盛頓奇才隊
40.	乔丹	Qiáodān	Michael Jordan	喬丹
41.	奥尼尔	Àoní'ěr	Shaquille O'Neal	奧尼爾
42.	王治郅	Wáng Zhìzhì	Wang Zhizhi	
43.	詹姆斯·奈史密斯	Zhānmǔsī Nàishǐmìsī	James Naismith	

kè wén 课文 Texte

一

丁汉生在看电视转播的乒乓球比赛,江山进来了。

丁汉生：江山，你不是喜欢看球赛¹吗？快来，电视正在转播²呢。

江　山：乒乓球³比赛⁴有什么好看的?

丁汉生：那你爱看什么球?

江　山：当然是篮球⁵了，NBA！

丁汉生：那你最喜欢……?

江　山：原来⁶是芝加哥公牛队³⁸，现在是华盛顿奇才队³⁹。

丁汉生：我说的不是球队⁷，是球星⁸。你最喜欢哪个

第四课　各有所爱

丁汉生：江山，你不是喜欢看球赛¹吗？快来，电视正在转播²呢。

江　山：乒乓球³比赛⁴有什么好看的？

球星？

江　山：乔丹⁴⁰。当然，他现在好像真的老⁹了。

丁汉生：还有呢？

江　山：奥尼尔⁴¹，你们中国的王治郅⁴²也不错。

丁汉生：看来你真是个篮球迷¹⁰。

江　山：那当然。我从小就迷上了篮球，只要¹¹有篮球比赛，我就看。

丁汉生：难道¹²普通¹³的篮球比赛，比如说¹⁴两个大学的球队比赛，你也看吗？

江　山：看。不管¹⁵什么水平¹⁶的篮球比赛，只要看得到，我都看。

丁汉生：我真不明白，你为什么那么喜欢篮球？

江　山：这有什么不明白的？篮球是美国人最喜欢的运动，又是在美国发明¹⁷的，我能不喜欢吗？

丁汉生：可我听说，篮球是加拿大人詹姆斯·奈史密斯⁴³发明的。

江　山：但是他发明篮球的时候，正在美国留学¹⁸。他发明篮球是为了¹⁹完成²⁰体育²¹课的作业²²。

丁汉生：原来是这样。难怪你这么喜欢篮球。

丁漢生：那你愛看甚麼球？
江　山：當然是籃球[5]了，NBA！
丁漢生：那你最喜歡……？
江　山：原來[6]是芝加哥公牛隊[38]，現在是華盛頓奇才隊[39]。
丁漢生：我說的不是球隊[7]，是球星[8]。你最喜歡哪個球星？
江　山：喬丹[40]。當然，他現在好像真的老[9]了。
丁漢生：還有呢？
江　山：奧尼爾[41]，你們中國的王治郅[42]也不錯。
丁漢生：看來你真是個籃球迷[10]。
江　山：那當然。我從小就迷上了籃球，祇要[11]有籃球比賽，我就看。
丁漢生：難道[12]普通[13]的籃球比賽，比如說[14]兩個大學的球隊比賽，你也看嗎？
江　山：看。不管[15]甚麼水平[16]的籃球比賽，祇要看得到，我都看。
丁漢生：我真不明白，你爲甚麼那麼喜歡籃球？
江　山：這有甚麼不明白的？籃球是美國人最喜歡的運動，又是在美國發明[17]的，我能不喜歡嗎？
丁漢生：可我聽說，籃球是加拿大人詹姆斯·奈史密斯[43]發明的。
江　山：但是他發明籃球的時候，正在美國留學[18]。他發明籃球是爲了[19]完成[20]體育[21]課的作業[22]。
丁漢生：原來是這樣。難怪你這麼喜歡籃球。

Texte en Pinyin

Dīng Hànshēng： Jiāng Shān, nǐ bú shì xǐhuan kàn qiúsài ma? Kuài lái, diànshì zhèngzài zhuǎnbō ne.
Jiāng Shān： Pīngpāngqiú bǐsài yǒu shénme hǎokàn de?
Dīng Hànshēng： Nà nǐ ài kàn shénme qiú?
Jiāng Shān： Dāngrán shì lánqiú le, NBA!
Dīng Hànshēng： Nà nǐ zuì xǐhuan...?
Jiāng Shān： Yuánlái shì Zhījiāgē Gōngniúduì, xiànzài shì Huáshèngdùn Qícáiduì.
Dīng Hànshēng： Wǒ shuō de bú shì qiúduì, shì qiúxīng. Nǐ zuì xǐhuan nǎ ge qiúxīng?
Jiāng Shān： Qiáodān. Dāngrán, tā xiànzài hǎoxiàng zhēn de lǎo le.
Dīng Hànshēng： Háiyǒu ne?
Jiāng Shān： Àoní'ěr, nǐmen Zhōngguó de Wáng Zhìzhì yě búcuò.
Dīng Hànshēng： Kànlái nǐ zhēn shì ge lánqiúmí.
Jiāng Shān： Nà dāngrán. Wǒ cóng xiǎo jiù míshangle lánqiú, zhǐyào yǒu lánqiú bǐsài, wǒ jiù kàn.
Dīng Hànshēng： Nándào pǔtōng de lánqiú bǐsài, bǐrú shuō liǎng ge dàxué de qiúduì bǐsài, nǐ yě kàn ma?
Jiāng Shān： Kàn. Bùguǎn shénme shuǐpíng de lánqiú bǐsài, zhǐyào kàn de dào, wǒ dōu kàn.
Dīng Hànshēng： Wǒ zhēn bù míngbai, nǐ wèi shénme nàme xǐhuan lánqiú?
Jiāng Shān： Zhè yǒu shénme bù míngbai de? Lánqiú shì Měiguórén zuì xǐhuan de yùndòng, yòu shì zài Měiguó fāmíng de, wǒ néng bù xǐhuan ma?
Dīng Hànshēng： Kě wǒ tīngshuō, lánqiú shì Jiānádàrén Zhānmǔsī Nàishǐmìsī fāmíng de.
Jiāng Shān： Dànshì tā fāmíng lánqiú de shíhou, zhèngzài Měiguó liú xué. Tā fāmíng lánqiú shì wèile wánchéng tǐyùkè de zuòyè.

Dīnghànshēng：	Yuánlái shì zhèyàng. Nánguài nǐ zhème xǐhuan lánqiú.

Traduction française

Ding Hansheng regarde un match de ping-pong transmis par la television, et Jiang Shan entre.

Ding Hansheng：	Jiang Shan, tu aimes regarder les matchs, n'est-ce pas? Viens vite, il y en a un à la télé maintenant.
Jiang Shan：	Les matchs de ping-pong ne sont pas intéressants.
Ding Hansheng：	Mais quelle sorte de match aimes-tu?
Jiang Shan：	Basket-ball, bien sûr; le NBA!
Ding Hansheng：	Alors, ton favori est...?
Jiang Shan：	Avant c'était Chicago Bulls; maintenant c'est les Washington Wizards.
Ding Hansheng：	Je ne parle pas d'équipe. Je parle de vedette. Quelle vedette admires-tu le plus?
Jiang Shan：	Michael Jordan. Il est vrai qu'il a l'air vraiment vieux maintenant.
Ding Hansheng：	Un autre?
Jiang Shan：	Shaquille O'Neal et Wang Zhizhi de Chine sont aussi pas mal.
Ding Hansheng：	Ça se voit que tu es un vrai fan de basket-ball.
Jiang Shan：	Ça c'est sûr. J'étais fan de basket-ball depuis ma toute petite enfance; je regarde les matchs dès que possible.

Ding Hansheng： Même les matchs ordinaires, par exemple, le tournoi entre deux universités, tu le regardes aussi?

Jiang Shan： Oui. Peu importe à quel niveau est le match, si je peux regarder, je le regarde.

Ding Hansheng： Je ne comprends pas pourquoi tu aimes tant le basket-ball.

Jiang Shan： Qu'est-ce qu'il y a à comprendre? Le basket-ball est le sport préféré des Américains, en plus il a été inventé aux États-Unis. Comment pourrais-je ne pas l'aimer?

Ding Hansheng： Mais j'ai entendu dire que le basket-ball a été inventé par un canadien qui s'appelle James Naismith.

Jiang Shan： Mais il faisait ses études aux États-Unis lorsqu'il a inventé le basket-ball. À l'origine, son invention était destinée à faire un exercice d'éducation physique.

Ding Hansheng： C'est pour ça! Ce n'est pas étonnant que tu aimes tellement le basket-ball.

原来是这样

"原来"ici, indique une découverte, une compréhension ou une réalisation soudaine d'une circonstance inconnue précédemment.

二

好久[23]没有和江山联系[24]了，挺想他的。

他是我的好朋友，以前他老是[25]请我跟他一起去玩儿，我从来没有去过，所以他很生气。可我有什么办法？如果没有特别的原因，谁愿意[26]拒绝[27]朋友呢？但是，就像中国人经常[28]说的那样，"萝卜青菜[29]，各有所爱"。我们的爱好[30]不一样，玩儿不到一起去。

江山很喜欢打篮球，可是，我太矮[31]，上了球场[32]恐怕连球都摸不到；江山还很喜欢打冰球[33]、滑雪，可我从小在中国南方长大，连雪的样子都没见过，怎么可能会滑雪、打冰球呢？

当然，有时候我请他跟我一起去玩儿，他也不去，因为我喜欢的运动他不喜欢。比如说乒乓球，他就老是说没意思。我不明白，乒乓球不也是球吗，怎么没有意思？

我们偶尔[34]也会一起去玩儿：有时候去游泳[35]，有时候去踢[36]足球[37]。不过，他的足球没有我踢得好。

第四课　各有所爱

好久[23]没有和江山聯繫[24]了，挺想他的。

他是我的好朋友，以前他老是[25]請我跟他一起去玩兒，我從來沒有去過，所以他很生氣。可我有甚麼辦法？如果沒有特別的原因，誰願意[26]拒絕[27]朋友呢？但是，就像中國人經常[28]說的那樣，"蘿蔔青菜[29]，各有所愛"。我們的愛好[30]不一樣，玩兒不到一起去。

江山很喜歡打籃球，可是，我太矮[31]，上了球場[32]恐怕連球都摸不到；江山還很喜歡打冰球[33]、滑雪，可我從小在中國南方長大，連雪的樣子都沒見過，怎麼可能會滑雪、打冰球呢？

當然，有時候我請他跟我一起去玩兒，他也不去，因爲我喜歡的運動他不喜歡。比如說乒乓球，他就老是說沒意思。我不明白，乒乓球不也是球嗎，怎麼沒有意思？

我們偶爾[34]也會一起去玩兒：有時候去游泳[35]，有時候去踢[36]足球[37]。不過，他的足球沒有我踢得好。

Texte en Pinyin

Hǎojiǔ méiyǒu hé Jiāng Shān liánxì le, tǐng xiǎng tā de.

Tā shì wǒ de hǎo péngyou, yǐqián tā lǎoshi qǐng wǒ gēn tā yìqǐ qù wánr, wǒ cónglái méiyǒu qùguo, suǒyǐ tā hěn shēngqì. Kě wǒ yǒu shénme bànfǎ? Rúguǒ méiyǒu tèbié de yuányīn, shuí yuànyì jùjué péngyou ne? Dànshì, jiù xiàng Zhōngguórén jīngcháng shuō de nàyàng, "luóbo qīngcài, gè yǒu suǒ ài". Wǒmen de àihào bù yíyàng, wánr bú dào yìqǐ qù.

Jiāng Shān hěn xǐhuan dǎ lánqiú, kěshì, wǒ tài ǎi, shàngle qiúchǎng kǒngpà lián qiú dōu mōbudào; Jiāng Shān hái hěn xǐhuan dǎ bīngqiú, huá xuě, kě wǒ cóngxiǎo zài Zhōngguó nánfāng zhǎngdà, lián xuě de yàngzi dōu méi jiànguo, zěnme kěnéng huì huá xuě, dǎ bīngqiú ne?

Dāngrán, yǒu shíhòu wǒ qǐng tā gēn wǒ yìqǐ qù wánr, tā yě bú qù, yīnwèi wǒ xǐhuan de yùndòng tā bù xǐhuan. Bǐrú shuō pīngpāngqiú, tā jiù lǎoshì shuō méi yìsi. Wǒ bù míngbai, pīngpāngqiú bù yě shì qiú ma, zěnme méiyǒu yìsi?

Wǒmen ǒu'ěr yě huì yìqǐ qù wánr, yǒushíhou qù yóuyǒng, yǒushíhou qù tī zúqiú. Búguò, tā de zúqiú méiyǒu wǒ tī de hǎo.

Traduction française

Ça fait longtemps que je n'ai pas eu de nouvelles de Jiang Shan. Il me manque beaucoup.

C'est un bon ami à moi. Il me demandait souvent de sortir et de m'amuser avec lui. Je ne le faisais jamais et il n'était pas content du tout. Mais qu'est-ce que j'y pouvais? S'il n'y a pas de raison particulière, qui a envie de dire non à un ami? Cependant, comme le dit le dicton chinois, 《Radis et légumes verts, chacun a ses préférences》. Nous ne partageons pas nos violons d'Ingres, donc, nous ne pouvons pas nous amuser ensemble.

Jiang Shan adore jouer au basket-ball. Mais comme je suis petit, je ne toucherai probablement pas le ballon sur le terrain. Jiang Shan aime aussi jouer au hockey sur glace et skier, et moi qui ai grandi dans le sud de la Chine et qui n'ai jamais vu la neige, comment pourrais-je savoir skier ou jouer au hockey sur glace?

Bien entendu, quelquefois je lui demande de sortir jouer avec moi, mais il ne vient pas non plus, parce que le sport que j'aime, il ne l'aime pas. Par exemple le ping-pong, il ne cesse de dire que c'est ennuyeux. Je ne comprends pas, le ping-pong c'est aussi un sport, pourquoi serait-il ennuyeux?

Il nous arrive parfois de sortir ensemble; quelquefois nous allons nager, quelquefois nous allons jouer au football. Pour le football, il joue moins bien que moi.

（一）萝卜青菜，各有所爱

　　Certaines personnes aiment manger les radis, les autres aiment les légumes verts. À chacun son goût.

（二）玩儿不到一起去

　　Cela signifie qu'ils ne s'intéressent pas aux mêmes jeux.

（三）他的足球没有我踢得好

　　Cela signifie:"他踢足球没有我踢得好"，"我踢足球比他踢得好". Par exemple:

　　　Ex.　我的汉语没有他说得流利。

语法 Grammaire

反问句 Question rhétorique

Quelquefois, l'orateur peut utiliser la forme interrogative d'une phrase pour indiquer un sens clair et précis, c'est ce qu'on appelle《la question rhétorique》. La forme affirmative peut être utilisée pour exprimer un sens négatif et la forme négative peut être utilisée pour souligner un sens positif. Par exemple:

Ex. (1) 可我有什么办法？（我没有办法）
(2) 谁愿意拒绝朋友呢？（谁都不愿意拒绝朋友）
(3) 我从小在中国南方长大，连雪的样子都没见过，怎么可能会滑雪、打冰球呢？（我当然不会滑雪、打冰球）
(4) 你每天都跟她在一起，怎么会不知道她的地址？（你应该知道她的地址）

下面是几种常见的反问句格式。
Voici les quatre formes de questions rhétoriques les plus utilisées:

1. 难道……（吗）？

Cela signifie《Est-ce vraiment possible que....》ou《serait-il possible que...?》

Ex. (1) **难道**普通的篮球比赛，比如说两个大学的球队比赛，你也看**吗**？
(2) **难道**你也不知道这件事**吗**？
(3) 为什么要我给你拿？**难道**你自己不能拿**吗**？
(4) **难道**你也喜欢喝白酒？

2. 不是……吗？

Cela souligne le sens affirmatif et attire l'attention de l'interlocuteur. Quelques fois cela comporte un accent de surprise ou de mécontentement.

Ex. (1) 你**不是**喜欢看球赛**吗**？
(2) 你看，那**不是**小王**吗**？
(3) 你**不是**已经回家了**吗**？怎么还在这儿？（惊讶）
(4) 这个词老师**不是**已经讲过了**吗**？你怎么还不明白？（不满）

Quelquefois, l'adverbe "也" ou "都" peut être placé devant "是".

Ex. (1) 我不明白，乒乓球**不也是**球**吗**？
(2) 乒乓球、足球，**不都是**球**吗**？

3. 有什么……（的）？

Cela indique un ton négatif fort. Il est d'habitude suivi par une expression adjective. Par exemple:

Ex. (1) 乒乓球比赛**有什么**好看**的**？
(2) 这**有什么**好笑**的**？
(3) 这**有什么**不明白**的**？
(4) 这**有什么**不好意思**的**？

4. 能不……吗？

Cela signifie "当然……". Il exprime une certitude ou l'impossibilité d'une action négative ou d'un état négatif. Par exemple:

Ex. (1) 篮球是美国人最喜欢的运动，又是在美国发明的，我**能不**喜欢**吗**？
(2) 你这么做，她**能不**生气**吗**？
(3) 这是她男朋友送给她的礼物，她**能不**爱惜**吗**？
(4) 这么重要的约会，她**能不**去**吗**？

Note: "能 V. 得 Compl. 吗" signifie "V. 不 Compl.". Par exemple:

Ex. 像你这样不好好学习，**能学得好吗**？（学不好）

Dì-wǔ kè Zhǎobuzháo běi
第五课　　找不着[1] 北
Leçon cinq Se perdre

cí yǔ
词　语

Expression et mots nouveaux

1. 着		zháo	réussir à faire qqch. (placé après un verbe pour indiquer l'accomplissement ou le résultat d'une action)	著
2. 收拾	V.	shōushi	mettre en ordre, arranger	
3. 行李	N.	xíngli	bagage	件
4. 毛巾	N.	máojīn	serviette	条
5. 牙膏	N.	yágāo	dentifrice	支
6. 卫生纸	N.	wèishēngzhǐ	papier de toilette, papier hygiénique	衛生紙
7. 包	N.	bāo	sac	
8. 装	V.	zhuāng	charger, contenir monter, emballer	裝
9. 了		liǎo	utilisé après un verbe plus 得 ou 不 pour indiquer un résultat éventuel positif ou négatif	
10. 根本	N., Adv., Adj.	gēnběn	base; radicalement; fondamental	
11. 准备	N., V.	zhǔnbèi	préparation; préparer	準備
12. ……之类		...zhīlèi	comme	……之類
13. 日用品	N.	rìyòngpǐn	objets d'usage quotidien	
14. 牙刷	N.	yáshuā	brosse à dents	把　支
15. 名牌	N.	míngpái	marque	
16. 发达	Adj.	fādá	développé	發達

17.	包括	V.	bāokuò	inclure, comprendre	
18.	除非	Conj.	chúfēi	à moins que	
19.	商场	N.	shāngchǎng	grand magasin	商場
20.	超市	N.	chāoshì	supermarché (abréviation de 超级市场)	
21.	想念	V.	xiǎngniàn	manquer, se souvenir avec nostalgie	
22.	趟	Spéc.	tàng	spécificatif pour la fréquence (nombre de fois)	
23.	自从	Prép.	zìcóng	depuis	自從
24.	神奇	Adj.	shénqí	magique, miraculeux	
25.	于是	Conj.	yúshì	donc, ensuite, alors	於是
26.	飞	V.	fēi	voler	飛
27.	的确	Adv.	díquè	vraiment, en effet	的確
28.	感觉	N., V.	gǎnjué	sentiment, impression; sentir, éprouver	感覺
29.	一辈子	N.	yíbèizi	toute la vie	一輩子
30.	真正	Adv., Adj.	zhēnzhèng	vraiment, véritablement; vrai, véritable, authentique	
31.	了解	N., V.	liǎojiě	compréhension, connaissance; comprendre, connaître	瞭解
32.	气候	N.	qìhòu	climat, temps	氣候
33.	受不了		shòubuliǎo	intolérable, insupportable	
34.	特殊	Adj.	tèshū	spécial, particulier, exceptionnel	
35.	实在	Adv., Adj.	shízài	en fait, en réalité; honnête, sûr	實在
36.	直	Adj.	zhí	droit	

Noms propres

37.	故宫	Gù Gōng	Cité interdite	
38.	天坛	Tiān Tán	Temple du ciel	天壇
39.	欧洲	Ōuzhōu	Europe	歐洲

课文 Texte
kè wén

一

马克正在收拾行李,丁汉生来了。

丁汉生:你在干什么呀?
马 克:收拾² 行李³。明天我要去中国。你看,毛巾⁴、牙膏⁵、卫生纸⁶……东西太多了,两个包⁷都装⁸不了⁹。
丁汉生:如果这些东西你都要带,四个包也装不了。
马 克:你这话是什么意思?
丁汉生:有的东西你带了也用不着,有的你根本¹⁰就不用带。

马　　克：那你说应该带些什么？

丁汉生：这要看你准备[11]去哪儿了。

马　　克：北京、上海是肯定要去的。

丁汉生：那你就什么也不要带，那儿什么都有。

马　　克：毛巾之类[12]的日用品[13]也不用带吗？

丁汉生：不用。在中国一些大城市的宾馆、饭店里，牙刷[14]、牙膏这些东西都有，而且有的还是名牌[15]。

马　　克：真的？那太好了。

丁汉生：不过，如果你要去经济还不发达[16]的地方，那你最好什么都带上。

马　　克：什么都要带上？连卫生纸也要带吗？

丁汉生：什么都要带，当然包括[17]卫生纸。除非[18]你不想用。不过，这些东西你都可以到中国以后再买。

马　　克：在中国买东西方便吗？

丁汉生：很方便。特别是在北京、上海这样一些大城市，大商场[19]、大超市[20]有的是，什么东西都买得到。不过，药你最好自己带上。

马　　克：你不说我差点儿忘了，我的药呢？刚才还在桌子上，怎么找不着了？

丁汉生：那不是吗？

丁漢生：你在幹甚麼呀？
馬　克：收拾[2]行李[3]。明天我要去中國。你看，毛巾[4]、牙膏[5]、衛生紙[6]……東西太多了，兩個包[7]都裝[8]不了[9]。
丁漢生：如果這些東西你都要帶，四個包也裝不了。
馬　克：你這話是甚麼意思？
丁漢生：有的東西你帶了也用不著，有的你根本[10]就不用帶。
馬　克：那你說應該帶些甚麼？
丁漢生：這要看你準備[11]去哪兒了。
馬　克：北京、上海是肯定要去的。
丁漢生：那你就甚麼也不要帶，那兒甚麼都有。
馬　克：毛巾之類[12]的日用品[13]也不用帶嗎？
丁漢生：不用。在中國一些大城市的賓館、飯店裏，牙刷[14]、牙膏這些東西都有，而且有的還是名牌[15]。
馬　克：真的？那太好了。
丁漢生：不過，如果你要去經濟還不發達[16]的地方，那你最好甚麼都帶上。
馬　克：甚麼都要帶上？連衛生紙也要帶嗎？
丁漢生：甚麼都要帶，當然包括[17]衛生紙，除非[18]你不想用。不過，這些東西你都可以到中國以後再買。
馬　克：在中國買東西方便嗎？

第五课　找不着北

丁漢生：很方便。特別是在北京、上海這樣一些大城市，大商場[19]、大超市[20]有的是，甚麼東西都買得到。不過，藥你最好自己帶上。

馬　克：你不説我差點兒忘了，我的藥呢？剛纔還在桌子上，怎麼找不著了？

丁漢生：那不是嗎？

Texte en Pinyin

Dīng Hànshēng：	Nǐ zài gàn shénme ya?
Mǎkè：	Shōushi xíngli. Míngtiān wǒ yào qù Zhōngguó. Nǐ kàn, máojīn, yágāo, wèishēngzhǐ... Dōngxī tài duō le, liǎng ge bāo dōu zhuāngbuliǎo.
Dīng Hànshēng：	Rúguǒ zhèxiē dōngxi nǐ dōu yào dài, sì ge bāo yě zhuāngbuliǎo.
Mǎkè：	Nǐ zhè huà shì shénme yìsi?
Dīng Hànshēng：	Yǒude dōngxi nǐ dàile yě yòngbuzháo, yǒude nǐ gēnběn jiù búyòng dài.
Mǎkè：	Nà nǐ shuō yīnggāi dài xiē shénme?
Dīng Hànshēng：	Zhè yào kàn nǐ zhǔnbèi qù nǎr le.
Mǎkè：	Běijīng, Shànghǎi shì kěndìng yào qù de.
Dīng Hànshēng：	Nà nǐ jiù shénme yě bú yào dài, nǎr shénme dōu yǒu.
Mǎkè：	Máojīn zhī lèi de rìyòngpǐn yě búyòng dài ma?
Dīng Hànshēng：	Búyòng. Zài Zhōngguó yìxiē dà chéngshì de bīnguǎn, fàndiàn li, yáshuā, yágāo zhèxiē dōngxi dōu yǒu, érqiě yǒude háishi míngpái.
Mǎkè：	Zhēnde? Nà tài hǎo le.
Dīng Hànshēng：	Búguò, rúguǒ nǐ yào qù jīngjì hái bù fādá de dìfang, nà nǐ zuìhǎo shénme dōu dàishang.

Mǎkè：	Shénme dōu yào dàishang? Lián wèishēngzhǐ yě yào dài ma?
Dīng Hànshēng：	Shénme dōu yào dài, dāngrán bāokuò wèishēngzhǐ, chúfēi nǐ bù xiǎng yòng. Búguò, zhèxiē dōngxi nǐ dōu kěyǐ dào Zhōngguó yǐhòu zài mǎi.
Mǎkè：	Zài Zhōngguó mǎi dōngxi fāngbiàn ma?
Dīng Hànshēng：	Hěn fāngbiàn. Tèbié shì zài Běijīng, Shànghǎi zhèyàng yìxiē dà chéngshì, dà shāngchǎng, dà chāoshì yǒu de shì, shénme dōngxi dōu mǎidedào. Búguò, yào nǐ zuìhǎo zìjǐ dàishang.
Mǎkè：	Nǐ bù shuō wǒ chàdiǎnr wàng le, wǒ de yào ne? Gāngcái hái zài zhuōzi shang, zěnme zhǎobuzháo le?
Dīng Hànshēng：	Nà bú shì ma?

Traduction française

Make est en train de faire sa valise lorsque Ding Hansheng entre.

Ding Hansheng：	Qu'est-ce que tu fais?
Make：	Je fais ma valise. Je pars en Chine demain. Regarde les serviettes, le dentifrice, le papier hygiénique il y a trop de choses. Même deux valises ne suffiront pas.
Ding Hansheng：	Si tu veux prendre toutes ces affaires, quatre valises ne suffiront pas.
Make：	Qu'est-ce que tu veux dire par là?
Ding Hansheng：	Tu n'auras pas l'occasion d'utiliser certains des objets que tu emportes et il y en a d'autres dont tu

第五课　找不着北

n'auras pas besoin.

Make：Alors, que dois-je prendre selon toi?

Ding Hansheng：Ça dépend où tu vas.

Make：Je vais sûrement aller à Beijing et à Shanghai.

Ding Hansheng：Dans ce cas, tu n'as pas besoin de prendre quoique ce soit. Tu trouveras tout là-bas.

Make：Je n'ai même pas besoin de prendre des objets d'usage quotidien, la serviette par exemple?

Ding Hansheng：Non. Les objets comme la brosse à dents, le dentifrice sont fournis dans les hôtels des grandes villes, certains sont même de bonne marque.

Make：C'est vrai? C'est super!

Ding Hansheng：Par contre, si tu vas dans des endroits reculés, il vaut mieux que tu prennes tout ça avec toi.

Make：Tout? Même le papier hygiénique?

Ding Hansheng：Tout, bien sûr, même le papier hygiénique, à moins que tu n'en aies pas besoin... Cependant, tu peux acheter toutes ces choses une fois arrivé en Chine.

Make：Est-ce facile d'acheter des choses en Chine?

Ding Hansheng：Très facile. Surtout dans les grandes villes comme Shanghai, Beijing, il y a partout de grands magasins et des supermarchés. Tu peux acheter tout ce que tu veux. Par contre, il vaut mieux que tu prennes tes médicaments avec toi.

Make：Si tu n'en avais pas parlé, je les aurais oubliés. Où sont mes médicaments? Ils étaient sur la table. Pourquoi je ne les trouve plus?

Ding Hansheng：Ce ne sont pas tes médicaments?

Notes

（一）这要看你去哪儿了

　　Cela veut dire que l'évolution de l'affaire dépend de ce qui va se passer. "要看" indique "要根据具体的情况", c'est-à-dire que ça dépend d'une circonstance précise. Par exemple：大学毕业以后找什么工作现在还很难说，要看情况。

（二）大商场、大超市有的是

　　"有的是" signifie qu'il y en a beaucoup. Il comporte un ton d'exagération. On peut aussi dire "多的是".

（三）你不说我差点儿忘了

Cela signifie, "Si tu n'en avais pas parlé, je l'aurais oublié".

二

第五课　找不着北

　　林娜总是说北京多么多么漂亮。也许是她离开家乡的时间太长，很想念[21]自己的父母和朋友，所以一定要回去看一看。没办法，我只好陪她走一趟[22]。

　　当然啦，自从[23]我学了汉语，认识了林娜以后，也真的想去看看那个神奇[24]的国家。于是[25]，我们买了机票，登上了飞[26]往北京的飞机。

　　北京的确[27]很不错。故宫[37]、天坛[38]都非常漂亮，当然还有长城。中国有一句话，叫"不到长城非好汉"，我和林娜一起站在长城上，真的有一种好汉的感觉[28]。那种感觉，恐怕我一辈子[29]都忘不了。

　　不过，说实话，我更喜欢西安，因为我觉得那儿是真正[30]的中国。如果你想了解[31]中国的历史，那么你一定要去西安。不过那儿的气候[32]我有点受不了[33]。

　　上海是个很特殊[34]的城市，我实在[35]不知道它像纽约还是像多伦多。也许它更像欧洲[39]的一个什么城市，也许，它哪个城市也不像，它就是它自己。不过，上海的马路没有北京和西安那么直[36]，我经常找不着北。

　　林娜總是說北京多麼多麼漂亮。也許是她離開家鄉的時間太長，很想念[21]自己的父母和朋友，所以一定要回去看一看。沒辦法，我祇好陪她走一趟[22]。

　　當然啦，自從[23]我學了漢語，認識了林娜以後，也真的想去看看那個神奇[24]的國家。於是[25]，我們買了機票，登上了飛²⁶往北京的飛機。

北京的確²⁷很不錯。故宮³⁷、天壇³⁸都非常漂亮，當然還有長城。中國有一句話，叫"不到長城非好漢"，我和林娜一起站在長城上，真的有一種好漢的感覺²⁸。那種感覺，恐怕我一輩子²⁹都忘不了。

不過，說實話，我更喜歡西安，因為我覺得那兒是真正³⁰的中國。如果你想瞭解³¹中國的歷史，那麼你一定要去西安。不過那兒的氣候³²我有點受不了³³。

上海是個很特殊³⁴的城市，我實在³⁵不知道它像紐約還是像多倫多。也許它更像歐洲³⁹的一個甚麼城市，也許，它哪個城市也不像，它就是它自己。不過，上海的馬路沒有北京和西安那麼直³⁶，我經常找不著北。

Texte en Pinyin

Lín Nà zǒngshi shuō Běijīng duōme duōme piàoliang. Yěxǔ shì tā líkāi jiāxiāng de shíjiān tài cháng, hěn xiǎngniàn zìjǐ de fūmǔ hé péngyou, suǒyǐ yídìng yào huíqu kàn yi kàn. Méi bànfǎ, wǒ zhǐhǎo péi tā zǒu yí tàng.

Dāngrán la, zìcóng wǒ xuéle Hànyǔ, rènshile Lín Nà yǐhòu, yě zhēnde xiǎng qù kànkan nà ge shénqí de guójiā. Yúshì, wǒmen mǎile jīpiào, dēngshangle fēi wǎng Běijīng de fēijī.

Běijīng díquè hěn búcuò. Gù Gōng, Tiān Tán dōu fēicháng piàoliang, dāngrán hái yǒu Chángchéng. Zhōngguó yǒu yí jù huà, jiào "búdào Chángchéng fēi hǎohàn", wǒ hé Lín Nà yìqǐ zhàn zài Chángchéng shang, zhēnde yǒu yì zhǒng hǎohàn de gǎnjué. Nà zhǒng gǎnjué, kǒngpà wǒ yíbèizi dōu wàngbuliǎo.

第五课　找不着北

Búguò, shuō shíhuà, wǒ gèng xǐhuan Xī'ān, yīnwèi wǒ juéde nàr shì zhēnzhèng de Zhōngguó. Rúguǒ nǐ xiǎng liǎojiě Zhōngguó de lìshǐ, nàme nǐ yídìng yào qù Xī'ān. Búguò nàr de qìhòu wǒ yǒu diǎn shòubuliǎo.

Shànghǎi shì ge hěn tèshū de chéngshì, wǒ shízài bù zhīdào tā xiàng Niǔyuē háishì xiàng Duōlúnduō. Yěxǔ tā gèng xiàng Ōuzhōu de yí ge shénme chéngshì, yěxǔ, tā nǎ ge chéngshì yě bú xiàng, tā jiù shì tā zìjǐ. Búguò, Shànghǎi de mǎlù méiyǒu Běijīng hé Xī'ān nàme zhí, wǒ jīngcháng zhǎobuzháo běi.

Traduction française

Lin Na répète tout le temps que Beijing est tellement beau. Peut-être parce qu'elle a quitté son pays depuis trop longtemps et que ses parents et ses amis lui manquent trop, elle a décidé d'y retourner pour leur rendre visite. Je ne pouvais que l'accompagner.

Bien sûr, j'ai aussi très envie de voir ce pays magique depuis que je fais mes études de chinois et que j'ai rencontré Lin Na. Donc, nous avons acheté les billets et pris l'avion pour Beijing.

Beijing est vraiment très agréable. La Cité interdite et le Temple du Ciel sont très beaux. Bien sûr, il ne faut pas oublier la Grande Muraille. Un proverbe chinois dit que《Ceux qui ne sont jamais allés à la Grande Muraille ne sont pas des braves》. Lin Na et moi nous avons sentis comme des braves lorsque nous sommes montés sur la Grande Muraille. Cette impression, je m'en souviendrai toute ma vie.

Cependant, à vrai dire, je préfère encore Xi'an, parce que je trouve que c'est là la vraie Chine. Si vous voulez comprendre l'histoire de la Chine, vous devez absolument aller à Xi'an. Par contre, je ne supporte pas son climat.

Shanghai est une ville très spéciale. Je ne sais vraiment pas si elle ressemble à New York ou à Toronto. Peut-être qu'elle ressemble plus à une ville européenne, peut-être qu'elle ne ressemble à aucune ville, sinon à elle-même. Par contre, les rues de Shanghai ne sont pas aussi droites que celles de Beijing et de Xi'an. Je m'y perds très souvent.

 **Notes**

（一）多么多么漂亮

"多么多么+Adj."signifie"非常Adj.". Il est souvent utilisé pour exprimer la façon dont quelqu'un ne cesse de raconter ou de décrire quelque chose.

（二）找不着北

Cela signifie,"*se perdre*". Oralement, cela veut aussi dire,"ne pas savoir quoi faire".

 yǔ fǎ
语 法 Grammaire

（一）"了(liǎo)"的用法 L'usage de "了(liǎo)"

À l'origine, "了"（liǎo）indique qu'une action est achevée. Cependant, lorsqu'il est utilisé comme le complément d'un verbe, il indique la capacité ou la possibilité d'accomplir une action."V.得了"est la forme positive, "V.不了"est la forme négative. Par exemple:

Ex.
（1）东西太多了，两个包都**装不了**。
（2）如果这些东西你都要带，四个包也**装不了**。
（3）那种感觉恐怕我一辈子都**忘不了**。
（4）不过那儿的气候我有点**受不了**。
（5）东西这么多，你一个人**拿得了**吗？
（6）你放心吧，这事我**忘不了**。
（7）你点了这么多菜，我们只有两个人，肯定**吃不了**。
（8）没买到飞机票，**走不了**了 (le)。

(二)"着(zháo)"的用法 L'usage de "着(zháo)"

"着" peut suivre un verbe comme complément, en signifiant "atteindre la cible/obtenir le résultat"."得" ou "不" peut être utilisé entre le verbe et "着" pour indiquer la possibilité ou l'impossibilité d'accomplir cette action. Dans cet usage,"着" est quelque fois interchangeable avec "到". Par exemple:

Ex.
(1) 听说你想买一本汉英词典，**买着**了吗？
(2) 我去的时候，车已经开了，我没**见着**他们。
(3) 在那儿什么东西都**买得着**。
(4) 有些东西你带了也**用不着**。
(5) 我的药呢？刚才还在桌子上，怎么**找不着**了？
(6) 我经常**找不着**北。
(7) 这是十年前流行的衣服，现在已经**买不着**了。

Dì-liù kè Tāmen hěn yǒu nàixīn
第六课 他们 很 有 耐心[1]
Leçon six Ils sont très patients

cí yǔ
词 语
Expression et mots nouveaux

1. 耐心	N., Adj.	nàixīn	patience; patient	
2. 方面	N.	fāngmiàn	aspect, domaine	
3. 聊	V.	liáo	bavarder, dialoguer	
4. 费	N.	fèi	frais, charges	費
5. 软件	N.	ruǎnjiàn	logiciel	軟件
6. 明显	Adj.	míngxiǎn	clair, évident	明顯
7. 十分	Adv.	shífēn	très, extrêmement	
8. 宝贝	N.	bǎobèi	trésor	寶貝
9. 虽然	Conj.	suīrán	malgré, bien que	雖然
10. 相信	V.	xiāngxìn	croire	
11. 面积	N.	miànji	superficie	面積
12. 总共	Adv.	zǒnggòng	au total	總共
13. ……分之……		…fēnzhī…	fraction	
14. 其中	N.	qízhōng	parmi	
15. 百分之……		bǎifēnzhī…	pourcentage	
16. 华裔	N.	huáyì	citoyen étranger d'origine chinoise	華裔
17. 人口	N.	rénkǒu	population	
18. 大约	Adv.	dàyuē	environ	大約
19. 人山人海		rén shān rén hǎi	une véritable marée humaine, un monde fou	

71

20.	景象	N.	jǐngxiàng	scène, spectacle	种
21.	为	Prép.	wèi	pour, afin de	爲
22.	顾客	N.	gùkè	client	顧客
23.	赚	V.	zhuàn	gagner	賺
24.	热情	Adj.	rèqíng	enthousiaste, zélé, chaleureux	熱情
25.	碰见		pèngjiàn	rencontrer qqn	碰見
	碰	V.	pèng	toucher, heurter	
26.	几乎	Adv.	jīhū	presque; faillir	幾乎
27.	吃惊	V.O.	chī jīng	être surprise, s'étonner	吃驚
28.	职业	N.	zhíyè	profession, métier	職業
29.	生活	N., V.	shēnghuó	vie; vivre	
30.	轻松	Adj.	qīngsōng	léger, facile, relaxé, détendu	輕鬆
31.	翻	V.	fān	tourner; doubler; farfouiller; traduire	
32.	打牌	V.O.	dǎ pái	jouer aux cartes	
33.	下棋	V.O.	xià qí	jouer aux échecs	
34.	签证	N.	qiānzhèng	visa	簽證
35.	导游	N., V.	dǎoyóng	guide touristique; guider	導遊
36.	健康	Adj.	jiànkāng	santé; sain, fort	
37.	万事如意		wànshì rú yì	tout va comme on veut	萬事如意

Noms propres

38.	钱平平	Qián Píngping	Qian Pingping	錢平平
39.	温哥华	Wēngēhuá	Vancouver	温哥華

第六课　他们很有耐心

平平[38]：

你好！

我来加拿大已经四五个月了。去了几个城市，感觉有很多方面[2]和咱们中国不一样，很想和你聊[3]聊。但是电话费[4]太贵了，又不能发电子邮件，因为我这儿的电脑还没装中文软件[5]。只好给你写信——你知道，我很久没写信了。

最明显[6]的感觉是加拿大的环境特别好，空气十分[7]新鲜。这里的大树非常多，如果在咱们那儿，很多都会被当做宝贝[8]。

加拿大的树虽然[9]比中国多，但是人比中国少多了。你可能不相信[10]，加拿大的面积[11]比中国还大一点儿，可是全加拿大总共[12]只有三千多万人，大概是中国的四十分之一[13]，其中[14]还有百分之三[15]左右是华裔[16]。温哥华[39]是加拿大第三大城市，人口[17]只有二百多万，其中大约[18]百分之二十是华裔。

刚来的时候,我去一些大超市、大商店看了看,没有咱们中国那种人山人海[19]的景象[20]。有时候只有十来个人。我真为[21]那些老板们担心,顾客[22]那么少,他们能赚[23]钱吗?

不过,这儿的人虽然很少,但是都很热情[24]。我早上散步的时候,会碰见[25]一些跑步的人,他们几乎[26]都会跟我说"嗨",有的看我是中国人,还用中文说"你好"呢。

让我吃惊[27]的还有这儿的公共汽车司机。他们很有耐心,几乎对每一个乘客都要说"早上好",我不知道这是不是他们的职业[28]习惯。如果他们在北京、上海开公共汽车,还会不会有这么好的耐心呢?

我在这儿的学习和生活[29]都非常轻松[30]。早上起来散散步,晚饭以后翻[31]翻报纸,看看电视;有时候来几个朋友,还能一起打打牌[32],下下棋[33]。

你的签证[34]办得怎么样了?等你来温哥华的时候,我就可以给你当导游[35]了,到时候陪你好好儿走一走,看一看。

我住的地方离学校比较远。现在要去上课了。等我想办法装上中文软件以后,咱们就用电子邮件联系。

祝你
身体健康[36],万事如意[37]!

林娜
2007年11月15日

第六课　他们很有耐心

平平³⁸：

你好！

我來加拿大已經四五個月了。去了幾個城市，感覺有很多方面²和咱們中國不一樣，很想和你聊³聊。但是電話費⁴太貴了，又不能發電子郵件，因為我這兒的電腦還没裝中文軟件⁵。祇好給你寫信——你知道，我很久没寫信了。

最明顯⁶的感覺是加拿大的環境特別好，空氣十分⁷新鮮。這裏的大樹非常多，如果在咱們那兒，很多都會被當做寶貝⁸。

加拿大的樹雖然⁹比中國多，但是人比中國少多了。你可能不相信¹⁰，加拿大的面積¹¹比中國還大一點兒，可是全加拿大總共¹²祇有三千多萬人，大概是中國的四十分之一¹³，其中¹⁴還有百分之三¹⁵左右是華裔¹⁶。溫哥華³⁹是加拿大第三大城市，人口¹⁷祇有二百多萬，其中大約¹⁸百分之二十是華裔。

剛來的時候，我去一些大超市、大商店看了看，没有咱們中國那種人山人海¹⁹的景象²⁰。有時候祇有十來個人。我真為²¹那些老闆們擔心，顧客²²那麼少，他們能賺²³錢嗎？

不過，這兒的人雖然很少，但是都很熱情²⁴。我早上散步的時候，會碰見²⁵一些跑步的人，他們幾乎²⁶都會跟我説"嗨"，有的看我是中國人，還用中文説"你好"呢。

讓我吃驚²⁷的還有這兒的公共汽車司機。他們很有耐心，幾乎對每一個乘客都要說"早上好"，我不知道這是不是他們的職業[28]習慣。如果他們在北京、上海開公共汽車，還會不會有這麼好的耐心呢？

我在這兒的學習和生活[29]都非常輕鬆[30]。早上起來散散步，晚飯以後翻[31]翻報紙，看看電視；有時候來幾個朋友，還能一起打打牌[32]，下下棋[33]。

你的簽證[34]辦得怎麼樣了？等你來溫哥華的時候，我就可以給你當導遊[35]了，到時候陪你好好兒走一走，看一看。

我住的地方離學校比較遠。現在要去上課了。等我想辦法裝上中文軟件以後，咱們就用電子郵件聯繫。

祝你

身體健康[36]，萬事如意[37]！

林娜

2007年11月15日

Texte en Pinyin

Píngping:

　　Nǐ hǎo!

　　Wǒ lái Jiānádà yǐjīng sì wǔ ge yuè le. Qùle jǐ ge chéngshì, gǎnjué yǒu hěn duō fāngmiàn hé zánmen Zhōngguó bù yíyàng, hěn xiǎng hé nǐ liáoliao. Dànshì diànhuàfèi tài guì le, yòu bù néng fā diànzǐ yóujiàn, yīnwèi wǒ zhèr de diànnǎo hái méi zhuāng Zhōngwén ruǎnjiàn. Zhǐhǎo gěi nǐ xiě xìn——nǐ zhīdao, wǒ hěn

第六课　他们很有耐心

jiǔ méi xiě xìn le.

　　Zuì míngxiǎn de gǎnjié shì Jiānádà de huánjìng tèbié hǎo, kōngqì shífēn xīnxiān. Zhèli de dà shù fēicháng duō, rúguǒ zài zánmen nàr, hěnduō dōu huì bèi dàngzuò bǎobèi.

　　Jiānádà de shù suīrán bǐ Zhōngguó duō, dànshì rén bǐ Zhōngguó shǎo duō le. Nǐ kěnéng bù xiāngxìn, Jiānádà de miànjī bǐ Zhōngguó hái dà yìdiǎnr, kěshì quán Jiānádà zǒnggòng zhǐyǒu sānqiān duō wàn rén, dàgài shì Zhōngguó de sìshí fēn zhī yī, qízhōng háiyǒu bǎi fēn zhī sān zuǒyòu shì huáyì. Wēngēhuá shì Jiānádà dì-sān dà chéngshì, rénkǒu zhǐyǒu èr bǎi duō wàn, qízhōng dàyuē bǎi fēn zhī èrshí shì huáyì.

　　Gāng lái de shíhou, wǒ qù yìxiē dà chāoshì, dà shāngdiàn kàn-le kàn, méiyǒu zánmen Zhōngguó nà zhǒng rénshānrénhǎi de jǐngxiàng. Yǒushíhou zhǐyǒu shí lái ge rén. Wǒ zhēn wèi nàxiē lǎobǎnmen dān xīn, gùkè nàme shǎo, tāmen néng zhuàn qián ma?

　　Búguò, zhèr de rén suīrán hěn shǎo, dànshì dōu hěn rèqíng. Wǒ zǎoshang sàn bù de shíhou, huì pèngjiàn yìxiē pǎo bù de rén, tāmen jīhū dōu huì gēn wǒ shuō "hāi", yǒude kàn wǒ shì Zhōngguórén, hái yòng Zhōngwén shuō "nǐhǎo" ne.

　　Ràng wǒ chī jīng de háiyǒu zhèr de gōnggòng qìchē sījī. Tāmen hěn yǒu nàixīn, jīhū duì měi yí ge chéngkè dōu yào shuō "zǎoshang hǎo", wǒ bù zhīdào zhè shì bu shì tāmen de zhíyè xíguàn. Rúguǒ tāmen zài Běijīng、Shànghǎi kāi gōnggòng qìchē, hái huì bu huì yǒu zhème hǎo de nàixīn ne?

　　Wǒ zài zhèr de xuéxí hé shēnghuó dōu fēicháng qīngsōng. Zǎoshang qǐlái sànsan bù, wǎnfàn yǐhòu fānfan bàozhǐ, kànkan diànshì; yǒushíhou lái jǐge péngyǒu, hái néng yìqǐ dǎda pái, xiàxia qí.

　　Nǐ de qiānzhèng bàn de zěnmeyàng le? Děng nǐ lái Wēngēhuá de shíhou, wǒ jiù kěyǐ gěi nǐ dāng dǎoyóu le, dào shíhou péi nǐ hǎohāor zǒu yi zǒu, kàn yi kàn.

　　Wǒ zhù de dìfang lí xuéxiào bǐjiào yuǎn. Xiànzài yào qù shàng kě le. Děng wǒ xiǎng bànfǎ zhuāngshang Zhōngwén ruǎnjiàn yǐhòu, zánmen jiù yòng diànzǐ yóujiàn liánxì.

　　Zhù nǐ

　　Shēntǐ jiànkāng, Wànshì rúyì!

Lín Nà
2007 Nián 11 Yuè 15 Rì

Traduction française

Le 15 novembre, 2007

Chère Pingping:

　　Comment ça va?

　　J'ai déjà passé quatre ou cinq mois au Canada. J'ai visité plusieurs villes et je trouve que c'est différent de la Chine dans pas mal de domaines. J'aimerais bien t'en parler. Mais les communications téléphoniques coûtent trop cher et c'est difficile de m'exprimer clairement par le courrier électronique parce que je n'ai pas encore installé de logiciel chinois dans mon ordinateur. Donc, je vais t'écrire cette lettre - tu sais, ça fait longtemps que je n'ai pas écrit de lettre.

　　Mon impression la plus forte est que l'environnement au Canada est particulièrement agréable, l'air est extrêmement frais. Il y a beaucoup de grands arbres, qui seraient considérés comme des trésors s'ils étaient chez nous.

　　Le Canada a plus d'arbres que la Chine, mais sa population est moins nombreuse. Tu ne vas peut-être pas le croire, mais la superficie du Canada est plus grande que celle de la Chine, et il n'a que trente millions d'habitants au total, ce qui fait environ le quarantième de la population de la Chine. Parmi eux, trois pourcent sont d'origine chinoise. Vancouver est la troisième grande ville du Canada. Elle a deux millions d'habitants environ, dont vingt pourcent sont d'origine chinoise.

Au début de mon séjour, je suis allée dans les grands magasins et les supermarchés. Il n'y avait pas une foule immense comme en Chine. Quelques fois, il n'y a qu'une dizaine de personnes dans le magasin. Je m'inquiétais même pour les patrons: avec si peu de clients, comment peuvent-ils gagner de l'argent?

Bien qu'il n'y ait pas beaucoup de monde ici, tous les gens sont très chaleureux. Lors de ma promenade matinale, les coureurs que j'ai rencontrés me disent presque toujours "salut". Certains me le disent même en chinois quand ils voient que je suis Chinoise.

Ce qui m'étonne aussi, ce sont les chauffeurs de bus. Ils sont très patients et ils disent «bonjour» à chaque passager. Je ne sais pas si c'est leur habitude professionnelle. S'ils travaillaient à Beijing ou à Shanghai, seraient-ils aussi patients?

Mes études et ma vie ici sont assez calmes. La promenade le matin, le parcours des journaux et la télé après le dîner. Lorsqu'il y a des amis, on joue aux cartes et aux échecs.

Comment ça se passe pour ton visa? Quand tu arriveras à Vancouver, je peux être ton guide et t'accompagner pour bien visiter la ville.

L'endroit où j'habite est assez loin de l'école. Je dois partir maintenant pour aller à l'école. Quand j'aurais trouvé le moyen d'installer le logiciel chinois, alors nous communiquerons par le courrier électronique.

Je te souhaite une bonne santé et que tout aille comme tu le veux!

Lin Na

 **Notes**

（一）好好儿走一走

"好好儿" se dit, "hǎohāor." Il est utilisé avant le verbe pour signifier "avec soin/ attentivement/ s'appliquer à faire quelque chose".

Ex. 这本书你应该好好儿看看。

（二）万事如意

Il exprime un souhait ou un sentiment qui signifie "que tout va comme la personne espère". "万" signifie "beaucoup/tout". "如意" signifie "aller selon son désir".

语 法 Grammaire

（一）动词重叠 Le redoublement des verbes

Les verbes sont répétés ou redoublés pour indiquer qu'une action est courte, rapide ou informelle. Cette répétition est souvent utilisée pour adoucir le ton d'une phrase et exprimer un ton informel et décontracté. Le redoublement des verbes souligne particulièrement la continuation d'une action.

Lorsque les verbes sont redoublés pour indiquer une action future, "一" peut être inséré entre les verbes monosyllabiques. Par exemple:

Ex.
(1) 这是我的作业，请您看（一）看对不对。
(2) 我可以试（一）试吗？
(3) 我们休息休息吧。

Le redoublement des verbes peut être utilisé pour indiquer l'achèvement d'une action. Dans ce cas, "了" est inséré entre les verbes pour indiquer que la durée de l'action est très courte et que le ton est informel. Par exemple:

Ex. (1) 刚来的时候，我去一些大超市、大商店看了看。
(2) 这是我的作业，请您看（一）看对不对。
(3) 我可以试（一）试吗？
(4) 我们休息休息吧。

Le redoublement des verbes peut aussi s'utiliser pour indiquer une action habituelle ou des actions sans dates fixes. Il exprime un ton décontracté. Par exemple:

Ex. (1) 早上起来散散步，晚饭以后翻翻报纸，看看电视。
(2) 有时来几个朋友，还能一起打打牌，下下棋。
(3) 吃完饭最好出去散散步。
(4) 平时我哪儿也不去，就在家看看书，听听音乐。

（二）概数和分数 Chiffres approximatifs et fractions

1. 概数　Nombres approximatifs

En chinois, "几" peut indiquer des chiffres approximatifs. On peut aussi utiliser deux autres moyens pour ce faire: placer ensemble deux chiffres consécutifs ou placer "来" ou "左右" après un nombre. Par exemple:

Ex. (1) 去了**几**个城市，感觉有很多方面和咱们中国不一样。
(2) 有时来**几**个朋友，还能一起打打牌，下下棋。
(3) 他只去了**十几**天就回来了。
(4) 我来加拿大已经**四五**个月了。
(5) 他看上去只有**十八九**岁。
(6) 有时候只有十**来**个人。
(7) 他看上去只有二十**来**岁。
(8) 其中还有百分之三**左右**是华裔。
(9) 我等了十分钟**左右**，他还没来，我就走了。
(10) 从上海到北京，坐飞机需要一个半小时**左右**。

Notes

"几"est à l'origine un caractère interrogatif, mais il peut être utilisé comme un chiffre approximatif plus petit que 10. L'orateur exprime le sens de "moins" ou de "peu" en utilisant "几".

"来" a un usage similaire. "十来个" ne dépasse pas en général quatorze. "二十来岁" signifie "un peu plus de vingt". Pour indiquer un nombre approximatif, "左右" doit suivre le nombre.

2. 分数 Fractions

En chinois, les fractions se lisent "X分之Y". Par exemple, un tiers se dit, "三分之一". Une fraction avec cent comme dénominateur est appelé un pourcentage. Par exemple, en chinois, 40% se dit "百分之四十". D'autres exemples :

Ex.
(1) 加拿大人口大概是中国的四十分之一。
(2) 百分之二十五就是四分之一。
(3) 其中大约百分之二十是华裔。
(4) 百分之八十的人都不同意这么做。

7

Dì-qī kè Jiào shénme hǎo?
第七课 叫 什么 好？
Leçon sept Quel est le bon prénom?

cí yǔ
词 语

Expression et mots nouveaux

1. 太阳	N.	tàiyáng	soleil	太陽
2. 月份	N.	yuèfèn	mois	
3. 决定	N., V.	juédìng	décision; décider	決定
4. 主意	N.	zhǔyì	idée, plan	
5. 坚持	V.	jiānchí	persister, s'obstiner	堅持
6. 讲究	N., V., Adj.	jiǎngjiu	recherché, attentif; mettre accent sur; exquis, de bon goût	講究
7. 东方	N.	dōngfāng	est, orient	東方
8. 幸福	N., Adj.	xìngfú	bonheur; heureux	
9. 开玩笑		kāi wánxiào	plaisanter	開玩笑
玩笑	N.	wánxiào	plaisanterie	
10. 名人	N.	míngrén	personnage célèbre, célébrité	
11. 提	V.	tí	mentionner	
12. 去世	V.	qùshì	mourir, décéder	
13. 非……不可		fēi... bù kě	il faut	
14. 吓	V.	xià	faire peur	嚇
15. 上帝	N.	shàngdì	Dieu	
16. 伟大	Adj.	wěidà	grand	偉大
17. 取	V.	qǔ	prendre, adopter	

83

#	汉字	词性	拼音	法语	繁体
18.	一般	Adv., Adj.	yìbān	en général; commun, ordinaire	
19.	希望	N., V.	xīwàng	espoir; espérer	
20.	出息	N.	chūxi	promesse, bel avenir	
21.	首先	Adv.	shǒuxiān	premièrement, d'abord, avant tout	
22.	顺口	Adj.	shùnkǒu	qui se lit couramment	順口
23.	顺耳	Adj.	shùn'ěr	agréable à entendre	順耳
24.	响亮	Adj.	xiǎngliàng	fort et clair, qui sonne bien	響亮
25.	除了	Prép.	chúle	sauf, excepté	
26.	同	Adj.	tóng	similaire, même	
27.	根据	Prép.	gēnjù	selon, d'après	根據
28.	统计	N., V.	tǒngjì	statistique; compter	統計
29.	光	Adv.	guāng	seulement	
30.	亿	Num.	yì	cent millions	億
31.	有些	Pron.	yǒuxiē	un peu	
32.	儿子	N.	érzi	fils	兒子
33.	稀奇古怪		xīqí gǔguài	rare et étrange, bizarre	
34.	查	V.	chá	vérifier, consulter	
35.	认为	V.	rènwéi	penser, croire	認爲
36.	怪	V.	guài	s'en prendre à, blâmer	

Noms propres

#	汉字	拼音	法语	繁体
37.	毛泽东	Máo Zédōng	Mao Zedong	毛澤東
38.	邓小平	Dèng Xiǎopíng	Deng Xiaoping	鄧小平

kè wén
课 文 Texte

一

马克请白小红帮忙，给他取个中文名字。

马　克：小红，有件事儿想麻烦你一下儿。

白小红：太阳[1]从西边出来了！平时都是我麻烦你，今天你怎么麻烦起我来了？

马　克：我真的有事儿要请你帮忙。

白小红：什么事儿？说来听听。

马　克：我打算九月份[2]到中国学习汉语。

白小红：好啊，去哪儿学？上海还是北京？

马　克：还没有决定[3]。我觉得这两个地方都挺好，所以打算先到北京学上半年，然后再到上海学上半年。

白小红：真是一个好主意[4]，我怎么就想不出来呢。我知道了，你想让我教你说汉语。放心吧，从今天开始，我一天教你一句，这样坚持[5]下去，到九月份你就能说不少了。

马　　克：你一定会是一位很好的老师。不过，我现在最需要一个中文名字，一个真正的中国名字，听起来不像外国人的那种。我听说中国人的名字很有讲究[6]。

白小红：有的有讲究，有的没有。像毛泽东[37]的"泽东"很有讲究，意思是"给东方[7]人带来幸福[8]"；可是邓小平[38]的"小平"，我就说不出来有什么讲究。让我想想，你姓 Maxwell，马，叫什么好呢？就叫马克思吧。

马　　克：马—克—思？很好，我就叫马克思。

白小红：跟你开玩笑[9]呢。你不能叫马克思，因为已经有一个外国人叫马克思了，而且是个名人[10]。提[11]起他来，中国人几乎没有不知道的。

马　　克：谁？他能叫马克思，我也能叫马克思。

白小红：就是 Karl Marx，他已经去世[12]一百多年了。

马　　克：那我叫马克思就更没有问题了。

白小红：还是有问题。你想，要是你的中国朋友跟家里人说，明天要去见马克思，那非[13]把他家里人吓[14]出病来不可。

马　　克：为什么？

白小红：因为"去见马克思"和"去见上帝[15]"的意思差不多。

马　　克：那我不叫马克思了。你再帮我想想吧。

第七课　叫什么好？

白小紅：看我能不能想出來。……有了，你就叫馬克偉吧，偉大¹⁶的偉！

馬　克：小紅，有件事兒想麻煩你一下兒。
白小紅：太陽¹從西邊出來了！平時都是我麻煩你，今天你怎麼麻煩起我來了？
馬　克：我真的有事兒要請你幫忙。
白小紅：甚麼事兒？說來聽聽。
馬　克：我打算九月份²到中國學習漢語。
白小紅：好啊，去哪兒學？上海還是北京？
馬　克：還沒有決定³。我覺得這兩個地方都挺好，所以打算先到北京學上半年，然後再到上海學上半年。
白小紅：真是一個好主意⁴，我怎麼就想不出來呢。我知道了，你想讓我教你說漢語。放心吧，從今天開始，我一天教你一句，這樣堅持⁵下去，到九月份你就能說不少了。
馬　克：你一定會是一位很好的老師。不過，我現在最需要一個中文名字，一個真正的中國名字，聽起來不像外國人的那種。我聽說中國人的名字很有講究⁶。
白小紅：有的有講究，有的沒有。像毛澤東³⁷的"澤東"很有講究，意思是"給東方⁷人帶來幸福⁸"；可是鄧小平³⁸的"小平"，我就說不出來有甚麼

87

讲究。让我想想，你姓Maxwell，马，叫甚麽好呢？就叫马克思吧。

马　克：马—克—思？很好，我就叫马克思。

白小红：跟你开玩笑[9]呢。你不能叫马克思，因为已经有一个外国人叫马克思了，而且是个名人[10]。提[11]起他来，中国人几乎没有不知道的。

马　克：谁？他能叫马克思，我也能叫马克思。

白小红：就是Karl Marx，他已经去世[12]一百多年了。

马　克：那我叫马克思就更没有问题了。

白小红：还是有问题。你想，要是你的中国朋友跟家里人说，明天要去见马克思，那非[13]把他家里人吓[14]出病来不可。

马　克：为甚麽？

白小红：因为"去见马克思"和"去见上帝[15]"的意思差不多。

马　克：那我不叫马克思了。你再帮我想想吧。

白小红：看我能不能想出来。……有了，你就叫马克伟吧，伟大[16]的伟！

Texte en Pinyin

Mǎkè：Xiǎohóng, yǒu jiàn shìr xiǎng máfan nǐ yíxiàr.

Bái Xiǎohóng：Tàiyáng cóng xībiān chūlai le! Píngshí dōu shì wǒ máfan nǐ, jīntiān nǐ zěnme máfanqǐ wǒ lái le?

Mǎkè：Wǒ zhēnde yǒu shìr yào qǐng nǐ bāng máng.

第七课　叫什么好？

Bái Xiǎohóng： Shénme shìr? Shōulai tīngting.
　　　Mǎkè： Wǒ dǎsuan jiǔ yuèfèn dào Zhōngguó xuéxí Hànyǔ.
Bái Xiǎohóng： Hǎo a, qù nǎr xué? Shànghǎi háishi Běijīng?
　　　Mǎkè： Hái méiyǒu juédìng. Wǒ juéde zhè liǎng ge dìfang dōu tǐng hǎo, suǒyǐ dǎsuan xiān dào Běijīng xuéshang bàn nián, ránhòu zài dào Shànghǎi xuéshang bàn nián.
Bái Xiǎohóng： Zhēn shì yí ge hǎo zhǔyì, wǒ zěnme jiù xiǎngbuchūlái ne. Wǒ zhīdao le, nǐ xiǎng ràng wǒ jiāo nǐ shuō Hànyǔ. Fàng xīn ba, cóng jīntiān kāishǐ, wǒ yì tiān jiāo nǐ yí jù, zhèyàng jiānchí xiàqu, dào jiǔ yuèfèn nǐ jiù néng shuō bùshǎo le.
　　　Mǎkè： Nǐ yídìng huì shì yí wèi hěn hǎo de lǎoshī. Búguò, wǒ xiànzài zuì xūyào yí ge Zhōngwén míngzi, yí ge zhēnzhèng de Zhōngguó míngzi, tīng qilai bú xiàng wàiguórén de nà zhǒng. Wǒ tīngshuō Zhōngguórén de míngzi hěn yǒu jiǎngjiu.
Bái Xiǎohóng： Yǒude yǒu jiǎngjiu, yǒude méiyǒu. Xiàng Máo Zédōng de "Zédōng" hěn yǒu jiǎngjiu, yìsi shì "gěi dōngfāngrén dàilái xìngfú"; kěshì Dèng Xiǎopíng de "Xiǎopíng", wǒ jiù shuōbuchūlái yǒu shénme jiǎngjiu. Ràng wǒ xiǎngxiang, nǐ xìng Maxwell, mǎ, jiào shénme hǎo ne? Jiù jiào Mǎkèsī ba.
　　　Mǎkè： Mǎ-Kè-Sī? Hěn hǎo, wǒ jiù jiào Mǎkèsī.
Bái Xiǎohóng： Gēn nǐ kāi wánxiào ne. Nǐ bù néng jiào Mǎkèsī, yīnwèi yǐjīng yǒu yí ge wàiguórén jiào Mǎkèsī le, érqiě shì ge míngrén. Tíqǐ tā lái, Zhōngguórén jīhū méiyǒu bù zhīdào de.
　　　Mǎkè： Shuí? Tā néng jiào Mǎkèsī, wǒ yě néng jiào Mǎkèsī.
Bái Xiǎohóng： Jiùshì Karl Marx, tā yǐjīng qùshì yì bǎi duō nián le.
　　　Mǎkè： Nà wǒ jiào Mǎkèsī jiù gèng méiyǒu wèntí le.

Bāi Xǎohóng: Háishi yǒu wèntí. Nǐ xiǎng, yàoshi nǐ de Zhōngguó péngyou gēn jiāli rén shuō, míngtiān yào qù jiàn Mǎkèsī, nà fēi bǎ tā jiāli rén xiàchu bìng lái bù kě.

Mǎkè: Wèi shénme?

Bāi Xǎohóng: Yīnwèi "qù jiàn Mǎkèsī" hé "qù jiàn shàngdì" de yìsi chàbuduō.

Mǎkè: Nà wǒ jiù bú jiào Mǎkèsī le. Nǐ zài bāng wǒ xiǎngxiang ba.

Bāi Xǎohóng: Kàn wǒ néng bu néng xiǎng chulai. ...Yǒu le, nǐ jiù jiào Mǎ Kēwěi ba, "wěidà" de "wěi".

Traduction française

Make vient voir Bai Xiaohong et lui demande de choisir un prénom pour lui.

Make: Xiaohong, je vais te déranger un peu.

Bai Xiaohong: Quel miracle! D'habitude c'est moi qui te dérange, comment se fait-il que tu me déranges aujourd'hui?

Make: J'ai vraiment besoin de ton aide.

Bai Xiaohong: Que se passe-t-il? Raconte.

Make: J'envisage d'aller apprendre le chinois en Chine en septembre.

Bai Xiaohong: Bien! Où vas-tu, à Shanghai ou à Beijing?

Make: Je n'ai pas encore décidé. Je trouve que ces deux endroits sont aussi bien l'un que l'autre; donc, je compte aller à Beijing pour les six premiers mois et ensuite à Shanghai pour les six derniers.

Bai Xiaohong: Quelle bonne idée! Comment n'y ai-je pas pensé! Je sais ce qu'il y a, tu veux que je t'apprenne à parler le

第七课　叫什么好?

chinois. Ne t'inquiète pas, dès aujourd'hui, je vais t'apprendre une phrase par jour. Si nous persévérons, tu sauras pas mal de chinois en septembre.

Make：Je suis sûr que tu seras un très bon professeur. Mais ce dont j'ai le plus besoin maintenant c'est d'un prénom chinois. Un vrai prénom chinois, qui ne sonne pas comme le genre de prénom qu'ont les étrangers. J'ai entendu dire que les prénoms chinois sont trés recherchés et plein de significations.

Bai Xiaohong：Certains oui, d'autres non. Par exemple, "Zedong" dans "Mao Zedong" a une signification particulière. Il veut dire "amener le bonheur au peuple de l'orient". Mais pour "Xiaoping" dans "Deng Xiaoping", je ne sais pas quel est le sens particulier. Laisse-moi réfléchir. Ton nom est Maxwell... "Ma"-qu'est-ce qui est bien ? Que penses-tu de "Makesi"?

Make：Ma-Ke-Si? Très bien, Je vais donc m'appeler Makesi.

Bai Xiaohong：Je plaisantais. Tu ne peux pas t'appeler Makesi, parce qu'il y a déjà un étranger qui s'appelle comme ça, un personnage célèbre. Tout le monde connaît son nom.

Make：Qui est-ce? S'il peut s'appeler "Makesi", moi aussi je peux m'appeler "Makesi".

Bai Xiaohong：C'est Karl Marx, qui est mort il y a plus de cent ans.

Make：Dans ce cas, il y aura encore moins de problème si je m'appelle《Makesi》.

Bai Xiaohong：Il y a toujours un problème. Imagine ceci: si tes amis chinois disaient à leur famille qu'ils vont voir Makesi demain, leur famille serait sûrement terrifiée.

Make: Pourquoi?

Bai Xiaohong: Parce que "aller voir Makesi" a presque la même signification que "aller voir Dieu".

Make: Bon, je ne vais pas m'appeler Makesi. Trouve-moi une autre chose alors.

Bai Xiaohong: Voyons si j'arrive à trouver quelque chose. Ça y est, nous allons t'appeler "Ma Kewei" — "wei" comme dans "weida", signifie "puissant".

（一）太阳从西边出来了

C'est un idiome qui signifie que quelque chose qui n'était pas censé avoir lieu, s'est effectivement produit.

（二）一天教你一句

Cela signifie《 t'apprendre une phrase par jour 》. Ici, "一" équivaut à "每".

Ex.　我们一星期学四个小时汉语。

（三）非把他家里人吓出病来不可

Cela signifie,《sans doute, sa famille serait terrifiée》.

二

　　中国人取[17]名字很有讲究。因为名字一般[18]都是父母给孩子取的，哪家的父母不希望[19]自己的孩子将来有出息[20]呢？

　　要说取名字，讲究可多了。首先[21]得叫起来顺口[22]，听起来顺耳[23]。男孩子的名字得响亮[24]些，比如"刚"啊、"强(qiáng)"啊什么的；女孩子的名字得好听些，比如"美"呀、"丽"呀什么的。除了[25]这些，名字还要有些特殊的意思。

　　中国同[26]姓的人太多。根据[27]统计[28]，光[29]姓张的就有一亿[30]多人。有些[31]名字你觉得好，别人也觉得好，这样问题就来了：同名同姓的人太多。我有个朋友，他儿子[32]叫王刚，班里有个同学也叫王刚。老师叫一个名字，站起来两个学生。没办法，老师只好把一个叫大王刚，一个叫小王刚。

　　现在，年轻的父母总是想和别人不一样，所以就给孩子取一个稀奇古怪[33]的名字。他们自己本来也不知道意思,都是从词典上查³⁴来的。我朋友的孩子跟我说,他们学校有不少学生认为³⁵老师没水平,因为老师上课的时候连学生的名字都叫不出来,得让学生自己告诉老师。你说这能怪³⁶老师吗?

中國人取¹⁷名字很有講究。因為名字一般¹⁸都是父母給孩子取的,哪家的父母不希望¹⁹自己的孩子將來有出息²⁰呢?

要說取名字,講究可多了。首先²¹得叫起來順口²²,聽起來順耳²³。男孩子的名字得響亮²⁴些,比如"剛"啊、"強(qiáng)"啊甚麼的;女孩子的名字得好聽些,比如"美"呀、"麗"呀甚麼的。除了²⁵這些,名字還要有些特殊的意思。

中國同²⁶姓的人太多。根據²⁷統計²⁸,光²⁹姓張的就有一億³⁰多人。有些³¹名字你覺得好,別人也覺得好,這樣問題就來了:同名同姓的人太多。我有個朋友,他兒子³²叫王剛,班裏有個同學也叫王剛。老師叫一個名字,站起來兩個學生。沒辦法,老師祇好把一個叫大王剛,一個叫小王剛。

現在,年輕的父母總是想和別人不一樣,所以就給孩子取一個稀奇古怪³³的名字。他們自己本來也不知道意思,都是從辭典上查³⁴來的。我朋友的孩子跟我說,他們學校有不少學生認為³⁵老師沒水平,因為老師上課的時候連學生的名字都叫不出來,得讓學生自己告訴老師。你說這能怪³⁶老師嗎?

第七课　叫什么好？

Texte en Pinyin

　　Zhōngguórén qǔ míngzi hěn yǒu jiǎngjiu. Yīnwèi míngzi yìbān dōu shì fùmǔ gěi háizi qǔ de, nǎ jiā de fùmǔ bù xīwàng zìjǐ de háizi jiānglái yǒu chūxi ne?

　　Yào shuō qǔ míngzi, jiǎngjiu kě duō le. Shǒuxiān děi jiào qilai shùnkǒu, tīng qilai shùn'ěr. Nán háizi de míngzi děi xiǎngliàng xiē, bǐrú "gāng" a、"qiáng" a shénmede; nǚháizi de míngzi děi hǎotīng xiē, bǐrú "měi" ya、"lì" ya shénmede. Chúle zhèxiē, míngzi hái yào yǒuxiē tèshū de yìsi.

　　Zhōngguó tóng xìng de rén tài duō. Gēnjù tǒngjì, guāng xìng Zhāng de jiù yǒu yí yì duō rén. Yǒuxiē míngzi nǐ juéde hǎo, biéren yě juéde hǎo, zhèyàng wèntí jiù lái le: tóngmíng tóngxìng de rén tài duō. Wǒ yǒu ge péngyou, tā érzi jiào Wáng Gāng, bān li yǒu ge tóngxué yě jiào Wáng Gāng. Lǎoshī jiào yí ge míngzi, zhàn qilai liǎng ge xuésheng. Méi bànfǎ, lǎoshī zhǐhǎo bǎ yí ge jiào Dà Wáng Gāng, yí ge jiào Xiǎo Wáng Gāng.

　　Xiànzài, niánqīng de fùmǔ zǒngshì xiǎng hé biéren bù yíyàng, suǒyǐ jiù gěi háizi qǔ yí ge xīqí gǔguài de míngzi. Tāmen zìjǐ běnlái yě bù zhīdào yìsi, dōu shì cóng cídiǎn shang chálai de. Wǒ péngyou de háizi gēn wǒ shuō, tāmen xuéxiào yǒu bùshǎo xuésheng rènwéi lǎoshī méi shuǐpíng, yīnwèi lǎoshī shàng kè de shíhou lián xuésheng de míngzi dōu jiàobuchūlái, děi ràng xuésheng zìjǐ gàosù lǎoshī. Nǐ shuō zhè néng guài lǎoshī ma?

Traduction française

　　Les Chinois font très attention au choix du prénom de leur enfant. Comme le prénom de l'enfant est en général donné par les parents, quels parents ne souhaitent pas que leur progéniture n'ait pas un brillant avenir?

Lors du choix du prénom, il y a beaucoup de précautions à prendre. Premièrement, il faut qu'il se lise facilement et soit agréable à entendre. Le prénom d'un garçon doit sonner fort, comme "刚" gāng (dur, solide) et "强" qiáng (fort). Le prénom d'une fille doit être agréable à entendre, comme "美" měi (beau) et "丽" lì (joli). De plus, un prénom doit aussi avoir une signification particulière.

Il y a trop de Chinois qui ont le même nom. Selon les statistiques, il y a plus de 100 millions de personnes qui s'appellent "张(Zhāng)". Certains noms plaisent aux uns et aux autres. Et voilà le problème: trop de gens partagent le même nom. J'ai un ami qui a un fils nommé *Wang Gang*. À l'école, il a un camarade qui s'appelle aussi Wang Gang. Lorsque le professeur appelle ce nom, il y a deux élèves qui se lèvent. Le professeur n'a pas de choix, il les appelle l'un "grand Wang Gang", l'autre "petit Wang Gang".

Aujourd'hui, les jeunes parents essaient de se distinguer des autres, donc ils donnent des prénoms peu communs et bizarres à leur enfant. Les prénoms sont pris dans le dictionnaire sans qu'ils sachent eux-mêmes ce qu'il veut dire. L'enfant de mon ami m'a raconté que dans leur école, pas mal d'élèves trouvaient que leur professeur manquait de connaissances puisqu'il n'arrivait pas à prononcer le nom de certains élèves et qu'il fallait que les élèves lui indiquent la prononciation. Pensez-vous que c'est la faute du professeur?

 **Notes**

（一）要说取名字，讲究可多了

　　Dans le chinois parlé, "要说" est généralement utilisé au début de la phrase pour introduire le sujet de la conversation. Les expressions similaires sont "说起"，"说到", etc.

（二）"刚"啊、"强"啊什么的

　　"……什么的" signifie "ainsi de suite". Il apparaît à la fin de la phrase en indiquant une énumération. "什么" doit se prononcer sur un ton neutre.

 ## yǔ fǎ 语法 Grammaire

趋向补语的引申用法
L'utilisation étendue du complément de direction

　　Dans la langue chinoise, certains compléments de direction n'indiquent pas la direction d'une action, mais plutôt son résultat, son changement et son état. C'est une extension de l'usage courant. Voici quelques exemples.

1. "上"

　　"上" peut être utilisé pour indiquer la réalisation et l'accomplissement d'un but ou le commencement d'une action ou d'une situation.

> Ex.　（1）我打算先到北京学上半年，然后再到上海学上半年。（在这个句子里，"上"不是趋向补语）
> 　　（2）现在有很多中国人买上了自己的汽车。
> 　　（3）从第一次见面开始，我就爱上她了。
> 　　（4）怎么，你们不等我来一起吃，都已经吃上了。

2. "下去"

　　"下去" peut indiquer la continuité (persistance) d'une action.

Ex.
(1) 我一天教你一句，这样坚持**下去**，到九月份你就能说不少了。
(2) 每天学10个生词，这样学**下去**，一年就能学3600多个生词。
(3) 你说得很好，我们都在听着，请你说**下去**。
(4) 她最近又瘦了一公斤，再瘦**下去**就不好看了。

3. "起来"

"起来" signifie l'émergence d'une situation ou le changement d'un état. Il peut aussi être utilisé pour expliquer ou commenter l'aspect particulier d'une personne ou d'une chose.

Ex.
(1) 外面下**起**雨**来**了。
(2) 她怎么突然哭**起来**了？
(3) 今天你怎么麻烦**起**我**来**了。
(4) 提**起**他**来**，中国人几乎没有不知道的。
(5) 首先得叫**起来**顺口，听**起来**顺耳。
(6) 什么事情都是说**起来**容易做**起来**难。

4. "出来"

"出来" peut indiquer un changement de situation du néant à l'existance ou de l'invisibilité à l'apparence.

Ex.
(1) 真是一个好主意，我怎么就想不**出来**呢。
(2) 那非把他家里人吓**出**病**来**不可。
(3) 看我能不能想**出来**。
(4) 因为老师上课的时候连学生的名字都叫不**出来**。
(5) 他做的作业里有两个错字，我没看**出来**。
(6) 别问了，再问也问不**出来**什么，她不会告诉我们的。
(7) 她的普通话不太标准，我听**出来**了，她是广东人。

Dì-bā kè Duānwǔ Jié de gùshi
第 八 课　端午 节 的 故事[1]
Leçon huit　L'histoire de la fête Duanwu

cí　yǔ
词　语

Expression et mots nouveaux

1.	故事	N.	gùshi	histoire, conte	
2.	划船	V.O.	huá chuán	faire du bateau	
3.	龙舟	N.	lóngzhōu	Bateau-Dragon	龍舟
4.	前后	L.W.	qiánhòu	environ, aux alentours de	前後
5.	纪念	V.	jìniàn	commémorer	紀念
6.	诗人	N.	shīrén	poète	詩人
7.	关心	N., V.	guānxīn	soin ; se soucier de	關心
8.	国王	N.	guówáng	roi	國王
9.	伤心	Adj.	shāngxīn	triste, affligé	傷心
10.	自杀	V.	zìshā	se suicider	自殺
11.	当时	Adv.	dāngshí	alors, à ce moment-là	當時
12.	救	V.	jiù	sauver, prêter secours	
13.	向	Prép.	xiàng	vers	
14.	后来	Adv.	hòulái	après	後來
15.	粽子	N.	zòngzi	gâteau de riz en forme de pyramide (enveloppé dans les feuilles de bambou ou de roseau que l'on mange pendant la fête Duanwu)	
16.	小伙子	N.	xiǎohuǒzi	garçon, jeune homme	
17.	路过	V.	lùguò	passer par	路過
18.	突然	Adj.	tūrán	soudain, tout d'un coup	

99

19.	姑娘	N.	gūniang	jeune fille	
20.	行为	N.	xíngwéi	action, comportement, conduite	行爲
21.	结婚	V.O.	jié hūn	se marier	結婚
22.	和尚	N.	héshang	moine, bonze	
23.	偷偷	Adv.	tōutōu	en cachette	
24.	妻子	N.	qīzi	femme, épouse	
25.	蛇	N.	shé	serpent	
26.	劝	V.	quàn	persuader, conseiller	勸
27.	按照	Prép.	ànzhào	selon	
28.	躺	V.	tǎng	se coucher	
29.	躲	V.	duǒ	se cacher	
30.	丈夫	N.	zhàngfu	mari	
31.	打	V.	dǎ	frapper, battre	
32.	对手	N.	duìshǒu	adversaire	對手
33.	压	V.	yā	presser, écraser	壓
34.	改编	V.	gǎibiān	adapter, réécrire	改編

Noms propres

35.	端午节	Duānwǔ Jié	Fête Duanwu	端午節
36.	中国城	Zhōngguó Chéng	quartier chinois	中國城
37.	屈原	Qū Yuán	Qu Yuan	
38.	杭州	Hángzhōu	Hangzhou	
39.	许仙	Xǔ Xiān	Xu Xian	許仙
40.	西湖	Xī Hú	Lac de l'Ouest	
41.	法海	Fǎhǎi	Fahai (nom d'un moine)	
42.	金山寺	Jīnshān Sì	Temple Jinshan	
43.	雷峰塔	Léifēng Tǎ	Pagode Leifeng	
44.	《白蛇传》	Báishé Zhuàn	Histoire du Serpent blanc	《白蛇傳》

第八课　端午节的故事

课文 Texte

一

江山和白小红约好见面,但白小红迟倒了。

江　山:你怎么搞的,不是说好今天八点半见面吗?
白小红:对不起,让你久等了。我昨天晚上跟几个朋友玩儿到十二点多,早上起得晚了,所以……
江　山:要是你再不来,我就回去了。
白小红:这样吧,今天我带你去看大海,还会看到划船[2]比赛呢。
江　山:是吗?这里经常有划船比赛吗?
白小红:经常有。这儿的人很喜欢水上运动,特别是划船。
江　山:我听说中国有一种特别的划船比赛?
白小红:你说的是中国的龙舟[3]比赛吧?
江　山:是的。龙舟就是像龙一样的船吗?
白小红:没错儿。不过中国的龙舟比赛一年只有一次。

101

江　　山：什么时候比赛？为什么只有一次？

白小红：比赛在每年的端午节[35]前后[4]。是为了纪念[5]很久以前的一位很有名的诗人[6]，他的名字叫屈原[36]。屈原很爱自己的国家，关心[7]普通人的生活，但是国王[8]不喜欢他。他很伤心[9]，就跳到江河里自杀[10]了。当时[11]有很多人划船去救[12]他。

江　　山：救上来了吗？

白小红：没有。因为大家担心屈原的身体会被河里的鱼吃掉，就一起向[13]河里扔米饭。

江　　山：扔米饭干什么？

白小红：他们希望鱼吃了米饭，就不要去吃屈原的身体了。这种特殊的米饭后来[14]就变成了人们喜欢吃的粽子[15]。

江　　山：粽子？

白小红：是呀。我想这儿的中国城[37]里肯定有粽子。等到了端午节，我请你去吃粽子。

江　　山：还有几天是端午节？

白小红：快了，快了，大概还有一个月吧。

江　　山：你怎麼搞的，不是說好今天八點半見面嗎？

白小紅：對不起，讓你久等了。我昨天晚上跟幾個朋友玩兒到十二點多，早上起得晚了，所以就……

江　　山：要是你再不來，我就回去了。

白小紅：這樣吧，今天我帶你去看大海，還會看到划船[2]比賽呢。

江　　山：是嗎？這裏經常有划船比賽嗎？

白小紅：經常有。這兒的人很喜歡水上運動，特別是划船。

江　　山：我聽說中國有一種特別的划船比賽？

白小紅：你說的是中國的龍舟³比賽吧？

江　　山：是的。龍舟就是像龍一樣的船嗎？

白小紅：沒錯兒。不過中國的龍舟比賽一年祇有一次。

江　　山：甚麼時候比賽？爲甚麼祇有一次？

白小紅：比賽在每年的端午節³⁵前後⁴。是爲了紀念⁵很久以前的一位很有名的詩人⁶，他的名字叫屈原³⁶。屈原很愛自己的國家，關心⁷普通人的生活，但是國王⁸不喜歡他。他很傷心⁹，就跳到江河裏自殺¹⁰了。當時¹¹有很多人划船去救¹²他。

江　　山：救上來了嗎？

白小紅：沒有。因爲大家擔心屈原的身體會被河裏的魚吃掉，就一起向¹³河裏扔米飯。

江　　山：扔米飯幹甚麼？

白小紅：他們希望魚吃了米飯，就不要去吃屈原的身體了。這種特殊的米飯後來¹⁴就變成了人們喜歡吃的粽子¹⁵。

江　　山：粽子？

白小紅：是呀。我想這兒的中國城³⁷裏肯定有粽子。等到了端午節，我請你去吃粽子。

江　　山：還有幾天是端午節？

白小紅：快了，快了，大概還有一個月吧。

Texte en Pinyin

Jiāng Shān: Nǐ zěnme gǎo de, bú shì shuōhǎo jīntiān bā diǎn bàn jiàn miàn ma?

Bái Xiǎohóng: Duìbuqǐ, ràng nǐ jiǔ děng le. Wǒ zuótiān wǎnshang gēn jǐ ge péngyou wánr dào shí'èr diǎn duō, zǎoshang qǐ de wǎn le, suǒyǐ jiù...

Jiāng Shān: Yàoshi nǐ zài bù lái, wǒ jiù huí qu le.

Bái Xiǎohóng: Zhèyàng ba, jīntiān wǒ dài nǐ qù kàn dàhǎi, hái huì kàndao huá chuán bǐsài ne.

Jiāng Shān: Shì ma? Zhèlǐ jīngcháng yǒu huá chuán bǐsài ma?

Bái Xiǎohóng: Jīngcháng yǒu. Zhèr de rén hěn xǐhuan shuǐshang yùndòng, tèbié shì huá chuán.

Jiāng Shān: Wǒ tīngshuō Zhōngguó yǒu yì zhǒng tèbié de huá chuán bǐsài?

Bái Xiǎohóng: Nǐ shuō de shì Zhōngguó de Lóngzhōu bǐsài ba?

Jiāng Shān: Shì de. Lóngzhōu jiù shì xiàng lóng yíyàng de chuán ma?

Bái Xiǎohóng: Méicuòr. Búguò Zhōngguó de Lóngzhōu bǐsài yì nián zhǐ yǒu yí cì.

Jiāng Shān: Shénme shíhou bǐsài? Wèi shénme zhǐ yǒu yí cì?

Bái Xiǎohóng: Bǐsài zài měi nián de Duānwǔ Jié qiánhòu. Shì wèile jìniàn hěn jiǔ yǐqián de yí wèi hěn yǒumíng de shīrén, tā de míngzi jiào Qū Yuán. Qū Yuán hěn ài zìjǐ de guójiā, guānxīn pǔtōngrén de shēnghuó, dànshì guówáng bù xǐhuān tā. Tā hěn shāngxīn, jiù tiàodào hé li zìshā le. Dāngshí yǒu hěn duō rén huá chuán qù jiù tā.

Jiāng Shān: Jiù shanglai le ma?

Bái Xiǎohóng: Méiyǒu. Yīnwèi dàjiā dānxīn Qū Yuán de shēntǐ huì bèi hé li de yú chīdiào, jiù yìqǐ xiàng hé li rēng mǐfàn.

Jiāng Shān: Rēng mǐfàn gàn shénme?

Bái Xiǎohóng: Tāmen xīwàng yú chīle mǐfàn, jiù bú yào qù chī

第八课　端午节的故事

	Qū Yuán de shēntǐ le. Zhè zhǒng tèshū de mǐfàn hòulái jiù biànchéngle rénmen xǐhuān chī de zòngzi.
Jiāng Shān：	Zòngzi?
Bái Xiǎohóng：	Shì ya. Wǒ xiǎng zhèr de Zhōngguó Chéng lǐ kěndìng yǒu zòngzi. Děng dàole Duānwǔ Jié, wǒ qǐng nǐ qù chī zòngzi.
Jiāng Shān：	Hái yǒu jǐ tiān shì Duānwǔ Jié?
Bái Xiǎohóng：	Kuài le, kuài le, dàgài hái yǒu yí ge yuè ba.

Traduction française

Jiang Shan et Bai Xiaohong avaient rendez-vous, mais Bai Xiaohong est en retard.

Jiang Shan：	Qu'est-ce qui t'arrive? N'avions-nous pas rendez-vous à 8:30?
Bai Xiaohong：	Je suis désolée de t'avoir fait attendre si longtemps. Je suis sortie avec des amis hier soir et je suis rentré après minuit. Je me suis levée tard ce matin, donc...
Jiang Shan：	Je serais rentré si tu n'étais pas arrivée.
Bai Xiaohong：	Alors, je vais t'emmener voir la mer et on pourra assister à une course de bateaux.
Jiang Shan：	C'est vrai? Il y a souvent des courses de bateaux?
Bai Xiaohong：	Oui, souvent; les gens d'ici aiment bien les sports nautiques, surtout les courses de bateaux.
Jiang Shan：	J'ai entendu dire qu'il existe en Chine une course particulière de bateaux, n'est-ce pas ?
Bai Xiaohong：	Parles-tu de la course de Bateaux-Dragon?

Jiang Shan : Oui. Le Bateau-Dragon ressemble vraiment à un dragon ?
Bai Xiaohong : Tout à fait. Par contre, il n'y a qu'une course de Bateaux-Dragon par an en Chine.
Jiang Shan : Quand aura lieu la course ? Pourquoi a-t-elle lieu une fois par an ?
Bai Xiaohong : La course a lieu aux alentours de la fête Duanwu. C'est en souvenir du célèbre poète de jadis, Qu Yuan. Il aimait beaucoup son pays et se souciait de la vie des gens ordinaires. Mais le roi ne l'aimait pas. Il était très triste et il s'est suicidé en se jetant dans la rivière. À l'époque, beaucoup de gens ont pris un bateau pour essayer de le sauver.
Jiang Shan : A-t-il été sauvé ?
Bai Xiaohong : Non. Craignant que les poissons mangent le corps de Qu Yuan, ils ont jeté du riz dans la rivière.
Jiang Shan : Pourquoi jeter du riz ?
Bai Xiaohong : Ils espéraient que les poissons mangeraient du riz au lieu de manger le corps de Qu Yuan. Ce riz particulier deviendra plus tard le gâteau de riz *zongzi* que tout le monde aime manger.
Jiang Shan : *Zongzi* ?
Bai Xiaohong : Oui. Je pense qu'il y a sûrement des *zongzi* dans le quartier chinois. Quand arrivera la fête des Bateaux-Dragon, je t'inviterai à manger des *zongzi*.
Jiang Shan : Dans combien de jours aura lieu la fête Duanwu ?
Bai Xiaohong : Bientôt, bientôt ; dans un mois environ.

第八课　端午节的故事

（一）不是说好今天八点半见面吗

"说好" se rapporte à un arrangement dans lequel les deux parties sont d'accord sur la manière et le moment de faire quelque chose.

（二）让你久等了

C'est une expression d'excuse,"se sentir désolé d'avoir fait attendre quelqu'un si longtemps".

（三）屈原

Qu Yuan vivait dans le royaume de Chu pendant la période des Royaumes combattants de la Chine ancienne. Ses poèmes, comme《 Élégie des chagrins 》et "Interrogations du ciel" ont été plus tard rassemblés dans un recueil nommé Les chants de Chu.

二

很久以前，杭州³⁸有一个叫许仙³⁹的小伙子¹⁶。有一天，许仙路过¹⁷西湖⁴⁰，突然¹⁸下起了大雨，许仙看见两位姑娘¹⁹没带雨伞，就把自己的雨伞给了她们。两位姑娘被许仙的行为²⁰感动了，其中穿白衣服的那位姑娘爱上了许仙。后来两个人结了婚²¹，生活很幸福。

有一天，许仙家来了一个老和尚²²，名字叫法海⁴¹。法海偷偷²³地告诉许仙，他的妻子²⁴是一条白蛇²⁵变的。许仙不相信，法海就让他在端午节那天劝²⁶妻子喝酒，看看会发生什么事儿。

端午节中午，许仙按照²⁷法海的话劝妻子喝酒。他妻子本来不肯喝，但是许仙一定要她喝。妻子没办法，只喝了一杯就说不舒服，回房间睡了。过了一会儿，许仙走进房间一看，发现床上躺²⁸着一条白蛇。

许仙吓坏了，躲²⁹进了法海的金山寺⁴²。白蛇去金山寺要丈夫³⁰，和法海打³¹了起来，她不是法海的对手³²，最后让法海压³³在西湖旁边的雷峰塔⁴³下面。这个故事后来被改编³⁴成了京剧《白蛇传》⁴⁴。

很久以前，杭州³⁸有一個叫許仙³⁹的小伙子¹⁶。有一天，許仙路過¹⁷西湖⁴⁰，突然¹⁸下起了大雨，許仙看見兩位姑娘¹⁹沒帶雨傘，就把自己的雨傘給了她們。兩位姑娘被許仙的行為²⁰感動了，其中穿白衣服的那位姑娘愛上了許仙。後來兩個人結了婚²¹，生活很幸福。

有一天，許仙家來了一個老和尚²²，名字叫法海⁴¹。

第八課　端午節的故事

　　法海偷偷23地告訴許仙，他的妻子24是一條白蛇25變的。許仙不相信，法海就讓他在端午節那天勸26妻子喝酒，看看會發生甚麼事兒。

　　端午節中午，許仙按照27法海的話勸妻子喝酒。他妻子本來不肯喝，但是許仙一定要她喝。妻子沒辦法，祇喝了一杯就說不舒服，回房間睡了。過了一會兒，許仙走進房間一看，發現床上躺28著一條白蛇。

　　許仙嚇壞了，躲29進了法海的金山寺42。白蛇去金山寺要丈夫30，和法海打31了起來，她不是法海的對手32，最後讓法海壓33在西湖旁邊的雷峰塔43下面。這個故事後來被改編34成了京劇《白蛇傳》44。

Texte en Pinyin

　　Hěn jiǔ yǐqián, Hángzhōu yǒu yí ge jiào Xǔ Xiān de xiǎohuǒzi. Yǒu yì tiān, Xǔ Xiān lùguo Xī Hú, tūrán xiàqile dàyǔ, Xǔ Xiān kànjiàn liǎng wèi gūniang méi dài yǔsǎn, jiù bǎ zìjǐ de yǔsǎn gěile tāmen. Liǎng wèi gūniang bèi Xǔ Xiān de xíngwéi gǎndòng le, qízhōng chuān bái yīfu de nà wèi gūniang àishangle Xǔ Xiān. Hòulái liǎng ge rén jié le hūn, shēnghuó hěn xìngfú.

　　Yǒu yì tiān, Xǔ Xiān jiā láile yí ge lǎo héshang, míngzi jiào Fǎhǎi. Fǎhǎi tōutōu de gàosù Xǔ Xiān, tā de qīzi shì yì tiáo báishé biàn de. Xǔ Xiān bù xiāngxìn, Fǎhǎi jiù ràng tā zài Duānwǔ Jié nà tiān quàn qīzi hē jiǔ, kànkan huì fāshēng shénme shìr.

　　Duānwǔ Jié zhōngwǔ, Xǔ Xiān ànzhào Fǎhǎi de huà quàn qīzi hē jiǔ. Tā qīzi běnlái bù kěn hē, dànshì Xǔ Xiān yídìng yào tā hē. Qīzi méi bànfǎ, zhǐ hēle yì bēi jiǔ shuō bù shūfu, huí fángjiān shuì le. Guòle yíhuìr, Xǔ Xiān zǒujìn fángjiān yí kàn, fāxiàn chuángshang tǎngzhe yì tiáo báishé.

　　Xǔ Xiān xiàhuài le, duǒjìnle Fǎhǎi de Jīnshān Sì. Báishé qù Jīnshān Sì yào zhàngfu, hé Fǎhǎi dǎle qǐlai, tā búshì Fǎhǎi de duìshǒu, zuìhòu ràng Fǎhǎi yā zài Xī Hú pángbiān de Léifēng Tǎ xiàmiàn. Zhè ge gùshi hòulái bèi gǎibiānchéngle jīngjù 《Báishé Zhuàn》.

Traduction française

　　Près du Lac de l'Ouest, sous la pluie, Xu Xian prêta son propre parapluie à la fille en blanc.

　　Il était une fois à Hangzhou, un jeune homme qui s'appelait Xu Xian. Un jour, Xu Xian passa par le Lac de l'Ouest et rencontra soudain un orage. Il vit deux jeunes filles qui n'avaient pas de parapluie, et Xu Xian leur prêta le sien. Les deux filles furent touchées par son geste et l'une d'elles, celle qui était en blanc, tomba amoureuse de lui. Plus tard, ils se sont mariés et eurent une vie heureuse.

　　Un jour, un vieux moine nommé Fahai vint chez Xu Xian. Fahai dit en douce à Xu Xian que sa femme était la métamorphose d'un serpent blanc. Comme Xu Xian ne le croyait pas, Fahai lui dit de faire boire du vin à sa femme lors de la fête Duanwu et de voir ce qui allait se passer.

　　À midi, lors de la fête Duanwu, suivant les instructions de Fahai, Xu Xian persuada sa femme de boire du vin. Au début, sa femme ne voulait pas boire, mais Xu Xian insista. Elle n'avait pas de choix. Après avoir bu à peine un verre de vin, sa femme lui dit qu'elle ne sentait pas bien et se retira dans sa chambre pour dormir. Un moment après, Xu Xian entra dans la chambre et vit un serpent blanc allongé sur le lit.

　　Xu Xian fut terrifié et se réfugia dans le temple de Fahai, le Temple Jinshan. Le serpent blanc vint au Temple Jinshan pour retrouver son mari et se battit avec Fahai. Mais elle n'arriva pas à le vaincre et se fit écraser par Fahai sous le Pagode Leifeng au bord du Lac de l'Ouest. Cette histoire a été ensuite adaptée pour l'opéra chinois sous le nom d' 《Histoire du serpent blanc》.

下起了大雨

　　C'est une phrase qui n'a pas de sujet. En chinois, quand il s'agit de phénomènes naturels, ce genre de phrase est souvent utilisé.

Ex.　下雨了。/下雪了。/出太阳了。/刮风了。

存现句　Phrase d'existence et d'apparition

　　En chinois, la locution de lieu peut être placée au début de la phrase pour indiquer l'endroit où existe ou apparaît quelqu'un ou quelque chose. Cette sorte de phrase s'appelle la phrase d'existence et d'apparition.

1. 表示存在的句子　Phrases indiquant l'existence

Outre le modèle "处所名词+有+人/东西" que nous avons appris auparavant, il y a aussi les autres formules suivantes:

expression de lieu ＋ V.着 / 了 ＋ qqn. / qqch. (nom indéfini)

Ex.　(1) 床上躺着一条白蛇。
　　(2) 教室里坐着很多学生。
　　(3) 桌子上放着一本书。
　　(4) 墙上挂了一张世界地图。
　　(5) 院子里停了三辆车。

2. 表示出现的句子　Phrase indiquant l'apparition

En chinois, la construction suivante peut être utilisée pour indiquer le lieu où apparaît quelqu'un ou quelque chose:

expression de lieu ＋ V.... ＋ qqn. / qqch. (nom indéfini)

Le verbe qui fait partie de cette construction est souvent suivi par un complément de direction.

Ex.　(1) 有一天，许仙家来了一个老和尚。
　　(2) 我家昨天来了几位客人。
　　(3) 门开了，屋里走出一个漂亮姑娘。
　　(4) 前面开来了一辆出租汽车。

第九课 孔夫子[37]搬家
Dì-jiǔ kè Kǒng fūzǐ bān jiā
Leçon neuf   Confucius déménage

词语 cí yǔ

Expression et mots nouveaux

1. 搭档	V., N.	dādàng	coopérer; partenaire	对	搭檔
2. 绝对	Adv.	juéduì	absolument, définitivement		絕對
3. 古代	N.	gǔdài	antiquité, temps ancien		
4. 学问	N.	xuéwèn	savoir, connaissance		學問
5. 教授	N.	jiàoshòu	professeur		
6. 替	V., Prép.	tì	remplacer; à la place de, pour		
7. 别说……		biéshuō…	ne pas mentionner, ne pas dire		別説……
8. 关于	Prép.	guānyú	à propos de, concernant, il s'agit de		關於
9. 过奖	V.	guòjiǎng	flatter, faire un éloge exagéré		過奬
10. 记载	N., V.	jìzǎi	inscription, document; enregistrer, noter		記載
11. 关系	N.	guānxì	relation, rapport		關係
12. 竹子	N.	zhúzi	bambou		
13. 输	V.	shū	perdre		輸
14. 赢	V.	yíng	gagner		贏
15. 逛	V.	guàng	se promener, se balader, flâner		
16. 公园	N.	gōngyuán	parc		公園
17. 印象	N.	yìnxiàng	impression		
18. 深	Adj.	shēn	profond		
19. 书店	N.	shūdiàn	librairie	家	書店
20. 忍不住		rěnbuzhù	ne pouvoir s'empêcher de		

113

21.	至少	Adv.	zhìshǎo	au moins	
22.	印刷	V.	yìnshuā	imprimer	
23.	包装	N., V.	bāozhuāng	emballage; emballer	包裝
24.	货	N.	huò	marchandise	貨
25.	并	Adv.	bìng	pas du tout (utilisé devant une négation)	並
26.	书房	N.	shūfáng	cabinet de travail, bibliothèque	書房
27.	摆	V.	bǎi	placer, disposer	擺
28.	客人	N.	kèrén	visiteur, invité, hôte	
29.	显得	V.	xiǎnde	apparaître, avoir l'air	顯得
30.	主人	N.	zhǔrén	maître, hôte	
31.	知识	N.	zhīshi	connaissance	知識
32.	尤其	Adv.	yóuqí	particulièrement, essentiellement	
33.	以外	Prép.	yǐwài	en dehors de, en outre	
34.	客厅	N.	kètīng	salon	客廳
35.	亲眼	Adv.	qīnyǎn	de ses propres yeux	親眼
36.	居然	Adv.	jūrán	à la grande surprise de	

Noms propres

37.	孔夫子	Kǒng fūzǐ	Confucius	
38.	上海书城	Shànghǎi Shūchéng	Cité des livres de Shanghai	上海書城
39.	郑	Zhēng	Zheng	鄭

课文 Texte

一

江　山：咱们四个人比赛吧，我和雅克搭档[1]，张老师和丁汉生搭档。

张　林：不行，不行。我们两个跟你们两个比赛打篮球，绝对[2]是孔夫子搬家——

江　山：孔夫子是谁？

张　林：就是孔子。他是中国古代[3]最有学问[4]的人。

江　山：我想起来了，他是一个有名的教授[5]，他对学生说过一句话，意思好像是"学习要经常练习"。

张　林："学而时习之"。

江　山：还有一句，是"有朋友从很远的地方来……"

张　林：我替[6]你说吧，"有朋自远方来，不亦乐乎"。

江　山：对，对。有朋友从很远的地方来是让人很高兴的事儿。古代的句子很难，我总是记不住。

张　林：别说[7]你了，就是中国人也很难记住。真看不出来，关于[8]孔子的事儿，你知道得还挺多。

江　山：您过奖[9]了。刚才您说的孔夫子搬家我就不知道。他经常搬家吗？

张　林：可能吧，我也说不清楚。根据历史记载[10]，他很喜欢旅行，去过很多国家。

江　山：那您说孔夫子搬家是什么意思？他搬家不搬家跟我们比赛有什么关系[11]？

张　林：当然有关系。你想一想，孔夫子是中国古代最有学问的人，他家里什么东西最多？

江　山：什么东西最多？是书吧？

张　林：聪明。那时候的书和现在的书不一样，都是用竹子[12]做的，很重很重。

江　山：我还是不明白，孔夫子的书又多又重，跟我们比赛有什么关系？

张　林：孔夫子的书是"shū"，比赛输[13]赢[14]的"输"也是"shū"。你想想，我们和你们比赛打篮球，那还能有什么结果？肯定是"孔夫子搬家——尽是输"啦。

江　山：咱們四個人比賽吧，我和雅克搭檔[1]，張老師和丁漢生搭檔。

第九课　孔夫子搬家

張　林：不行，不行。我們兩個跟你們兩個比賽打籃球，絕對[2]是孔夫子搬家——

江　山：孔夫子是誰？

張　林：就是孔子。他是中國古代[3]最有學問[4]的人。

江　山：我想起來了，他是一個有名的教授[5]，他對學生說過一句話，意思好像是"學習要經常練習"。

張　林："學而時習之"。

江　山：還有一句，是"有朋友從很遠的地方來……"

張　林：我替[6]你說吧，"有朋自遠方來，不亦樂乎"。

江　山：對，對。有朋友從很遠的地方來是讓人很高興的事兒。古代的句子很難，我總是記不住。

張　林：別說[7]你了，就是中國人也很難記住。真看不出來，關於[8]孔子的事兒，你知道得還挺多。

江　山：您過獎[9]了。剛纔您說的孔夫子搬家我就不知道。他經常搬家嗎？

張　林：可能吧，我也說不清楚。根據歷史記載[10]，他很喜歡旅行，去過很多國家。

江　山：那您說孔夫子搬家是甚麼意思？他搬家不搬家跟我們比賽有甚麼關係[11]？

張　林：當然有關係。你想一想，孔夫子是中國古代最有學問的人，他家裏甚麼東西最多？

江　山：甚麼東西最多？是書吧？

張　林：聰明。那時候的書和現在的書不一樣，都是用竹子[12]做的，很重很重。

江　山：我還是不明白，孔夫子的書又多又重，跟我們比賽有甚麼關係？

張　林：孔夫子的書是"shū"，比賽輸[13]贏[14]的"輸"也是"shū"。你想想，我們和你們比賽打籃球，那還能有甚麼結果？肯定是"孔夫子搬家——盡是輸"啦。

Texte en Pinyin

Jiāng Shān：Zánmen sì ge rén bǐsài ba, wǒ hé Yǎkè dādàng, Zhāng lǎoshī hé Dīng Hànshēng dādàng.

Zhāng Lín：Bùxíng, bùxíng. Wǒmen liǎng ge gēn nǐmen liǎng ge bǐsài dǎ lánqiú, juéduì shì Kǒng fūzǐ bān jiā——

Jiāng Shān：Kǒng fūzǐ shì shuí?

Zhāng Lín：Jiù shì Kǒngzǐ. Tā shì Zhōngguó gǔdài zuì yǒu xuéwèn de rén.

Jiāng Shān：Wǒ xiǎng qilai le, tā shì yí ge yǒumíng de jiàoshòu, tā duì xuésheng shuōguo yí jù huà, yìsi hǎoxiàng shì "xuéxí yào jīngcháng liànxí".

Zhāng Lín："Xué ěr shí xí zhī".

Jiāng Shān：Hái yǒu yí jù, shì "yǒu péngyǒu cóng hěn yuǎn de dìfang lái..."

Zhāng Lín：Wǒ tì nǐ shuō ba, "yǒu péng zì yuǎn fāng lái, bú yì lè hū".

Jiāng Shān：Duì, duì. Yǒu péngyou cóng hěn yuǎn de dìfang lái shì ràng rén hěn gāoxìng de shìr. Gǔdài de jùzi hěn nán, wǒ zǒngshi jìbuzhù.

Zhāng Lín：Biéshuō nǐ le, jiùshì Zhōngguórén yě hěn nán jìzhù. Zhēnshi kànbuchūlái, guānyú Kǒngzǐ de shìr, nǐ

第九课　孔夫子搬家

	zhīdao de tǐng duō.
Jiāng Shān：	Nín guòjiǎng le. Gāngcái nín shuō de Kǒng fūzǐ bān jiā wǒ jiù bù zhīdào. Tā jīngcháng bān jiā ma?
Zhāng Lín：	Kěnéng ba, wǒ yě shuōbuqīngchu. Gēnjù lìshǐ jìzǎi, tā hěn xǐhuan lǚxíng, qùguo hěn duō guójiā.
Jiāng Shān：	Nà nín shuō Kǒng fūzǐ bān jiā shì shénme yìsi? Tā bān jiā bù bān jiā gēn wǒmen bǐsài yǒu shénme guānxi?
Zhāng Lín：	Dāngrán yǒu guānxi. Nǐ xiǎng yi xiǎng, Kǒng fūzǐ shì Zhōngguó gǔdài zuì yǒu xuéwèn de rén, tā jiā li shénme dōngxi zuì duō?
Jiāng Shān：	Shénme dōngxi zuì duō? Shì shū ba?
Zhāng Lín：	Cōngming. Nà shíhou de shū hé xiànzài de shū bù yíyàng, dōu shì yòng zhúzi zuò de, hěn zhòng hěn zhòng.
Jiāng Shān：	Wǒ háishi bù míngbai, Kǒng fūzǐ de shū yòu duō yòu zhòng hé wǒmen bǐsài yǒu shénme guānxi?
Zhāng Lín：	Kǒng fūzǐ de "shū" shì "shū", bǐsài shū yíng de "shū" yě shì "shū". Nǐ xiǎngxiang, wǒmen hé nǐmen bǐsài dǎ lánqiú, nà hái néng yǒu shénme jiéguǒ? Kěndìng shì "Kǒng fūzǐ bān jiā ——jìn shì shū" la.

Traduction française

Ding Hansheng est forcé par Jiang Shan à jouer au basket-ball avec Zhang Lin et Jacques.

Jiang Shan：	Pourquoi ne ferions-nous pas un match? Jacques et moi formeront une équipe et le professeur Zhang et Ding Hansheng feront l'autre équipe.

Zhang Lin：Non, non, on ne peut pas faire ça. Nous deux contre vous deux jouant au basket-ball, ce serait vraiment comme "Maître Kong déménage…"

Jiang Shan：Qui est ce Maître Kong?

Zhang Lin：C'est Confucius. C'est la personne la plus savante de la Chine ancienne.

Jiang Shan：Je m'en souviens. C'était un professeur célèbre. Il a dit une fois quelque chose comme ça "Quand on étudie, il faut pratiquer sans cesse".

Zhang Lin：《学而时习之》.

Jiang Shan：Une autre de ses paroles a été "avoir des amis venus de pays lointains…"

Zhang Lin：Laisse-moi le dire pour toi:"有朋自远方来，不亦乐乎".

Jiang Shan：Oui, oui."C'est un grand plaisir d'avoir des amis venus de pays lointains". Les textes anciens sont trop difficiles pour moi. Je n'arrive jamais à les retenir.

Zhang Lin：Même les Chinois ont du mal à les retenir, alors toi, sans blague, qui eût cru que tu en savais si long sur Confucius?

Jiang Shan：Vous me flattez. Je ne connais pas l'histoire du déménagement de Maître Kong dont vous venez de parler. Il déménage souvent?

Zhang Lin：Peut-être, Je ne le connais pas bien. Selon les écrits historiques, il adorait voyager et il a traversé plusieurs royaumes.

Jiang Shan：Alors, quel est le sens de ton histoire sur le déménagement de Confucius? Il déménage oui ou non, et quel est le

第九课　孔夫子搬家

rapport avec notre match?

Zhang Lin： Bien sûr il y a un rapport. Imagine un peu: Confucius était la personne la plus savante de la Chine ancienne, alors que crois-tu qu'il possédait le plus chez lui?

Jiang Shan： Des livres?

Zhang Lin： Que tu es malin. Les livres dans le temps étaient très différents de ceux d'aujourd'hui. Ils étaient en bambou et ils étaient très, très lourds.

Jiang Shan： Je ne comprends toujours pas quel est le rapport entre le fait que les livres de Confucius étaient nombreux et lourds et notre match.

Zhang Lin： Les livres de Confucius se disent "shū"(书), et perdre dans gagner ou perdre un match》 se dit aussi "shū"(输). Imagine, quel serait le résultat si nous jouions avec vous au basketball? Ce serait certainement comme "Confucius déménage il n'y a que des shū".

 Notes

（一）孔子 Kǒngzǐ

　　Confucius (551-479 avant J.C.) est un célèbre maître, un penseur du temps de la Chine ancienne. C'est le fondateur du confucianisme. Il est honoré comme un sage depuis des générations. Le temple de Confucius le plus connu se trouve à Qufu dans la Province du Shandong.

（二）学而时习之

　　Cette phrase et la phrase "有朋自远方来，不亦（yì）乐（lè）乎" sont deux phrases provenant de Recueil de Confucius.

（三）看不出来

Cela signifie ici 《inattendu...》.

（四）他很喜欢旅行，去过很多国家

Confucius vivait dans la période dite du Printemps et de l'Automne. La Chine était divisée en plusieurs petits états à l'époque de la période des Royaumes combattants.

Confucius avait voyagé dans plusieurs royaumes pour répandre ses pensées politiques et philosophiques.

（五）孔夫子搬家——尽是书（输）

Confucius déménage-il n'y a que des "shū."(书 shū, livres; 输 shū, perdant)

C'est une expression idiomatique commune. Cette sorte de phrase est composée de deux parties: sens superfiel et sens figuré. La première (toujours présente) est descriptive et humoristique, tandis que la seconde (quelque fois omise) est l'explication de la première. Voici un autre:

Ex.　做梦娶媳妇——想得美。

Épouser une femme dans son rêve-pensée agréable (souhait irréaliste).

二

到上海一个月了,王英带我去逛[15]了很多地方:商店、公园[16]、博物馆。我印象[17]最深[18]的是上海书城[38]。我第一次见到那么大的书店[19],那么多人在买书。我也忍不住[20]买了几本,还替我女朋友买了一本。

中国朋友告诉我,现在的书很贵。要是在十年前,十块钱能买到一本挺好的书;现在至少[21]要四五十块钱。不过,现在的书贵是贵,可印刷[22]、包装[23]得越来越漂亮,一分钱一分货[24]嘛。

很多中国人喜欢买书。有的是给自己买,也有的是为孩子买,还有的是替朋友买。有些人书买回家以后并[25]不看,就放在书房[26],摆[27]在那儿给客人[28]看。家里的书越多,就越显得[29]主人[30]有知识[31],有学问。

但有些人,尤其[32]是大学教授,喜欢在家里看书,不愿意去图书馆。我去过一位姓郑[39]的教授家。除了厨房和卫生间以外[33],郑教授家几乎每个房间都是书——包括卧室和客厅[34]。书太多了,床就没地方放了,他和妻子就在书上睡觉。要不是亲眼[35]看见,我绝对不相信居然[36]有这样的事儿。

到上海一個月了,王英帶我去逛[15]了很多地方:商店、公園[16]、博物館。我印象[17]最深[18]的是上海書城[38]。我第一次見到那麼大的書店[19],那麼多人在買書。我也忍不住[20]買了幾本,還替我女朋友買了一本。

中國朋友告訴我,現在的書很貴。要是在十年前,十塊錢能買到一本挺好的書；現在至少²¹要四五十塊錢。不過，現在的書貴是貴，可印刷²²、包裝²³得越來越漂亮，一分錢一分貨²⁴嘛。

很多中國人喜歡買書。有的是給自己買，也有的是為孩子買，還有的是替朋友買。有些人書買回家以后並²⁵不看，就放在書房²⁶，擺²⁷在那兒給客人²⁸看。家裏的書越多，就越顯得²⁹主人³⁰有知識³¹，有學問。

但有些人，尤其³²是大學教授，喜歡在家裏看書，不願意去圖書館。我去過一位姓鄭³⁹的教授家。除了厨房和衛生間以外³³，鄭教授家幾乎每個房間都是書——包括卧室和客廳³⁴。書太多了，床就沒地方放了，他和妻子就在書上睡覺。要不是親眼³⁵看見，我絕對不相信居然³⁶有這樣的事兒。

Texte en Pinyin

Dào Shànghǎi yí ge yuè le, Wáng Yīng dài wǒ qù guàngle hěn duō dìfang: shāngdiàn, gōngyuán, bówùguǎn. Wǒ yìnxiàng zuì shēn de shì Shànghǎi Shūchéng. Wǒ dì-yī cì jiàndào nàme dà de shūdiàn, nàme duō rén zài mǎi shū. Wǒ yě rěnbuzhù mǎile jǐ běn, hái tì wǒ nǚpéngyou mǎile jǐ běn.

Zhōngguó péngyou gàosù wǒ, xiànzài de shū hěn guì. Yàoshi zài shí nián qián, shí kuài qián néng mǎidào yì běn tǐng hǎo de shū; xiànzài zhìshǎo yào sì wǔ shí kuài qián. Búguò, xiànzài de shū guì shì guì, kě yìnshuā, bāozhuāng de yuèláiyuè piāoliang, yì fēn qián yì fēn huò ma.

Hěn duō Zhōngguórén xǐhuan mǎi shū. Yǒude shì gěi zìjǐ mǎi,

第九课 孔夫子搬家

yě yǒude shì wèi háizi mǎi, hái yǒude shì tì péngyou mǎi. Yǒuxiē rén shū mǎihuí jiā yǐhòu bìng bú kàn, jiù fàng zài shūfáng, bǎi zài nǎr gěi kèren kàn. Jiā li de shū yuè duō, jiù yuè xiǎnde zhǔrén yǒu zhīshi, yǒu xuéwèn.

Dàn yǒuxiē rén, yóuqí shì dàxué jiàoshòu, xǐhuan zài jiā li kàn shū, bú yuànyì qù túshūguǎn. Wǒ qùguo yí wèi xìng Zhèng de jiàoshòu jiā, chúle chúfáng hé wèishēngjiān yǐwài, Zhèng jiàoshòu jiā jīhū měi ge fángjiān dōu shì shū——bāokuò wòshì hé kètīng. Shū tài duō le, chuáng jiù méi dìfang fàng le, tā hé qīzi jiù zài shū shang shuìjiào. Yàobúshì qīnyǎn kànjiàn, wǒ juéduì bù xiāngxìn jūrán yǒu zhèyàng de shìr.

Traduction française

Je suis à Shanghai depuis un mois. Wang Ying m'a amené promener dans plusieurs endroits: magasins, parcs et musées. Ce qui m'a impressionné le plus, c'est la Cité des livres de Shanghai. C'était la première fois que je voyais une si grande librairie avec autant de personnes qui achetaient des livres. Je n'ai pas pu m'empêcher de m'en acheter quelques uns et j'en ai aussi acheté un pour mon amie.

Les amis chinois me racontent que les livres sont très chers maintenant. Il y a dix ans, on pouvait acheter un bon livre avec dix yuan; mais maintenant il faut au moins quarante ou cinquante yuan pour le même livre. Néanmoins, bien que les livres soient plus chers aujourd'hui, ils sont de mieux en mieux imprimés et de plus en plus joliment reliés. Vous en aurez pour votre argent.

Beaucoup de Chinois aiment acheter des livres. Certains sont pour eux-mêmes, ou pour leurs enfants, d'autres sont pour leurs amis.

Il y a des gens qui ne lisent même pas de livres qu'ils ont ramenés chez eux. Ils les disposent tout simplement dans la bibliothèque pour les montrer aux invités. Plus il y a de livres, plus le maître de maison a l'air cultivé et savant.

Cependant, certaines personnes, en particulier les professeurs, aiment plutôt lire chez eux au lieu d'aller à la bibliothèque. Une fois j'ai été invité chez le professeur Zheng. À part la cuisine et le cabinet de toilette, presque toutes les pièces du professeur Zheng sont remplies de livres - y compris la chambre à coucher et le salon. Il y a tellement de livres qu'il n'y a pas de place pour le lit, lui et sa femme dorment sur les livres. Si je ne l'avais pas vu de mes propres yeux, je n'aurais jamais pensé que cela pouvait exister.

Notes

（一）贵是贵，可……

　　Cela signifie, "Il est vrai que..., mais..." Un autre exemple:

Ex.  中国菜好吃是好吃，不过油多了点。

（二）一分钱一分货

　　Cela signifie, "une marchandise chère est de qualité supérieure, une marchandise bon marché est de qualité inférieure".

第九课　孔夫子搬家

 语法 Grammaire

介词用法小结 Résumé sur les prépositions

Certaines prépositions en chinois sont particulières. Certaines ont un sens identique ou similaire. Voici quelques prépositions que nous avons apprises:

1. "和" et "跟"(avec)

La signification et l'usage de ces deux prépositions sont presque les mêmes. Mais, "跟" est plus souvent utilisé oralement.

Ex.　(1) 我**和**雅克搭档，张老师**和**丁汉生搭档。
　　(2) 昨天晚上你**和**谁在一起？
　　(3) 这事**和**你没关系。
　　(4) 我们两个**跟**你们两个比赛打篮球。
　　(5) 他搬家不搬家**跟**我们比赛有什么关系？
　　(6) 他不喜欢别人**跟**他开玩笑。

2. "为"，"给"，et "替"(pour)

Ces trois prépositions peuvent toutes être utilisées pour introduire le bénéficiaire d'une action.

Ex.　(1) 我也忍不住买了几本，还**替**我女朋友买了一本。
　　(2) 有的是**给**自己买，也有的**为**孩子买，还有的是**替**朋友买。
　　(3) 你也应该**替**别人想想，大家都不容易。
　　(4) 我的工作就是**为**客人服务。
　　(5) 我**给**你介绍一个男朋友吧。

"为" peut aussi être utilisé pour introduire une cause ou un but.

Ex. (1) 大家都正**为**这件事高兴呢。
(2) 他正在**为**参加考试做准备。

"给" peut aussi être utilisé pour introduire le bénéficiaire d'une action.

Ex. 要是有什么事情，你就**给**我打电话。

3. "向"et"往"(à, vers)

Ces deux mots peuvent décrire la direction d'une action. Mais "往" est plus utilisé dans la langue parlée.

Ex. (1) 因为大家担心屈原的身体会被河里的鱼吃掉，就一起**向**河里扔米饭。
(2) 小心！别**向**下看。
(3) **往**左拐，再穿过一条马路就到了。

4. "关于"(concernant, il s'agit de)

En général, "关于……" se trouve au début d'une phrase.

Ex. (1) **关于**孔子的事，你知道的还挺多。
(2) **关于**这件事，我知道的就是这些。
(3) **关于**时间问题，我们还没有最后决定。
(4) **关于**这个问题，等我们老板回来以后再说吧。

5. "根据"(selon, d'après)

Ceci introduit la présupposition ou la circonstance d'une action.

Ex. (1) **根据**历史记载，他很喜欢旅行，去过很多国家。
(2) **根据**统计，光姓张的就有一亿多人。
(3) 老师会**根据**你的水平决定你在哪个班学习。
(4) **根据**我对他的了解，他绝对不会干这种事儿。

6. "按照"(selon, suivant, conformément à)

Cela introduit des exigences ou critères auxquels se conforme l'action.

Ex.
(1) 端午节中午，许仙**按照**法海的话劝妻子喝酒。
(2) 你为什么不**按照**我的话去做？
(3) **按照**中国人的习惯，结婚要请人吃糖。

"按照" peut quelque fois être abrégé en "按" ou "照".

Ex. 我已经**按**/**照**你说的做了。

Dì-shí kè Hǎishi zhuāngzhòngdiǎnr hǎo
第十课 还是 庄重[1]点儿 好
Leçon dix Il vaudrait mieux être un peu plus sérieux

cí   yǔ
词 语
Expression et mots nouveaux

1.	庄重	Adj.	zhuāngzhòng	sérieux, solennel	莊重
2.	下岗	V.O.	xià gǎng	être au chômage	下崗
3.	反正	Adv.	fǎnzhèng	de toutes façons	反正
4.	适合	V.	shìhé	convenir à ; s'adapter à	適合
5.	心态	N.	xīntài	état mental, attitude	心態
6.	急	Adj.	jí	anxieux, pressé	
7.	疯	V.	fēng	être fou	瘋
8.	敢	V.	gǎn	oser	
9.	假装	V.	jiǎzhuāng	faire semblant	假裝
10.	瞒	V.	mán	cacher	瞞
11.	同病相怜		tóng bìng xiāng lián	avec ses compagnons de misère	同病相憐
12.	新闻	N.	xīnwén	nouvelles	新聞
13.	家务	N.	jiāwù	ménage	家務
14.	消息	N.	xiāoxi	information, nouvelles	
15.	就业	V.O.	jiù yè	être embauché, trouver un travail	就業
16.	培训班	N.	péixùnbān	cours de formation	培訓班
	培训	V.	péixùn	former, entraîner	培訓
17.	技术	N.	jìshù	technique	技術
18.	报名	V.O.	bào míng	s'inscrire	報名
19.	犹豫	V., Adj.	yóuyù	hésiter ; hésitant	猶豫

第十课 还是庄重点儿好

20. 不见不散		bú jiàn bú sàn	《Nous restons jusqu'à ce que nous nous rencontrions.》	不見不散
21. 闹钟	N.	nàozhōng	réveil	鬧鐘
22. 满意	Adj.	mǎnyì	satisfait	滿意
23. 竞争	V.	jìngzhēng	concurrencer	競爭
24. 面试	N., V.	miànshì	entretien d'embauche; s'entretenir, interroger oralement	面試
25. 成功	N., V.	chénggōng	succès; réussir	
26. 干脆	Adv., Adj.	gāncuì	carrément, simplement; net, franc, catégorique	乾脆
27. 连衣裙	N.	liányīqún	robe	条 連衣裙
28. 性感	Adj.	xìnggǎn	sexy	
29. 随手	Adv.	suíshǒu	en passant, nonchalamment	隨手
30. 吊带裙	N.	diàodàiqún	robe débardeur	条 吊帶裙
31. 养神	V.O.	yǎng shén	reposer son esprit	養神
32. 响	V.	xiǎng	sonner	響
33. 化妆	V.O.	huà zhuāng	se maquiller	化妝
34. 一直	Adv.	yìzhí	toujours, tout droit	
35. 颜色	N.	yánsè	couleur	种 顏色
36. 套装	N.	tàozhuāng	ensemble	套裝
37. 自信	N., Adj.	zìxìn	confiance en soi; sûr de soi	

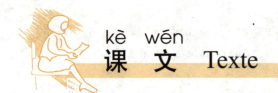

课文 Texte

一

老王：好久不见，最近在忙什么呢？

老黄：别提了，想忙也没地方忙了，下岗[2]了。

老王：什么？你也下岗了？

老黄：是啊，你……

老王：我上个月就下岗了。

老黄：我今年才四十，你也不到四十五吧？将来可怎么办哪？

老王：怎么办？想办法找一个新工作啊。反正[3]已经这样了，着急也没有用。我已经开始找了，我就不相信找不到一个适合[4]我的工作。

老黄：你的心态[5]比我好多了。刚下岗那几天，我快急[6]疯[7]了，而且不敢[8]跟妻子说，怕她着急。

老王：我开始的时候跟你一样，每天还假装[9]去上班呢。

　　　　后来一想，瞒[10]得过今天，瞒不过明天。就跟她说实话了。
老黄：咱们可真是同病相怜[11]哪。对了，你这几天看新闻[12]了没有？
老王：我白天忙着找工作，晚上回家还要做家务[13]，哪有时间看新闻哪。有什么好消息[14]吗？
老黄：电视上说，政府为了帮助下岗工人再就业[15]，办了很多培训班[16]，让咱们去学点新技术[17]。
老王：学会了新技术，咱们就可以找到新工作了。
老黄：对，就是这样。
老王：这可真是一个好消息。那你打算学什么呢？
老黄：不知道。都几十岁的人了，学得会吗？
老王：学不会也得学。这样吧，明天咱们一起去报名[18]吧。
老黄：明天？我还没想好学什么呢。
老王：我也不知道学什么好。明天先去报名的地方看看，然后再决定。
老黄：这……
老王：别犹豫[19]了。明天九点，我在这儿等你，咱们不见不散[20]。
老黄：不见不散。

老王：好久不見，最近在忙甚麼呢？
老黄：别提了，想忙也没地方忙了，下崗[2]了。

老王：甚麼？你也下崗了？

老黃：是啊，你……

老王：我上個月就下崗了。

老黃：我今年纔四十，你也不到四十五吧？將來可怎麼辦哪？

老王：怎麼辦？想辦法找一個新工作啊。反正[3]已經這樣了，著急也沒有用。我已經開始找了，我就不相信找不到一個適合[4]我的工作。

老黃：你的心態[5]比我好多了。剛下崗那幾天，我快急[6]瘋[7]了，而且不敢[8]跟妻子說，怕她著急。

老王：我開始的時候跟你一樣，每天還假裝[9]去上班呢。後來一想，瞞[10]得過今天，瞞不過明天。就跟她說實話了。

老黃：咱們可真是同病相憐[11]哪。對了，你這幾天看新聞[12]了沒有？

老王：我白天忙著找工作，晚上回家還要做家務[13]，哪有時間看新聞哪。有甚麼好消息[14]嗎？

老黃：電視上說，政府為了幫助下崗工人再就業[15]，辦了很多培訓班[16]，讓咱們去學點新技術[17]。

老王：學會了新技術，咱們就可以找到新工作了。

老黃：對，就是這樣。

老王：這可真是一個好消息。那你打算學甚麼呢？

老黃：不知道。都幾十歲的人了，學得會嗎？

老王：學不會也得學。這樣吧，明天咱們一起去報名[18]吧。

老黃：明天？我還沒想好學甚麼呢。

第十课　还是庄重点儿好

老王：我也不知道學甚麼好。明天先去報名的地方看看，然後再決定。
老黃：這……
老王：別猶豫[19]了。明天九點，我在這兒等你，咱們不見不散[20]。
老黃：不見不散。

Texte en Pinyin

Lǎo Wáng：Hǎojiǔ bú jiàn, zuìjìn zài máng shénme ne?
Lǎo Huáng：Bié tí le, xiǎng máng yě méi dìfang máng le, xià gǎng le.
Lǎo Wáng：Shénme? Nǐ yě xià gǎng le?
Lǎo Huáng：Shì a, nǐ…
Lǎo Wáng：Wǒ shàng ge yuè jiù xià gǎng le.
Lǎo Huáng：Wǒ jīnnián cái sìshí, nǐ yě búdào sìshíwǔ ba? Jiānglái kě zěnme bàn na?
Lǎo Wáng：Zěnme bàn? Xiǎng bànfǎ zhǎo yí ge xīn gōngzuò a. Fǎnzhèng yǐjīng zhèyàng le, zháojí yě méiyǒu yòng. Wǒ yǐjīng kāishǐ zhǎo le, wǒ jiù bù xiāngxìn zhǎobudào yí ge shìhé wǒ de gōngzuò.
Lǎo Huáng：Nǐ de xīntài bǐ wǒ hǎo duō le. Gāng xià gǎng nà jǐ tiān, wǒ kuài jífēng le, érqiě bù gǎn gēn qīzi shuō, pà tā zháojí.
Lǎo Wáng：Wǒ kāishǐ de shíhou gēn nǐ yíyàng, měi tiān hái jiǎzhuāng qù shàng bān ne. Hòulái yì xiǎng, mándeguo jīntiān, mánbuguò míngtiān. Jiù gēn tā shuō shíhuà le.
Lǎo Huáng：Zánmen kě zhēn shì tóngbìngxiānglián na. Duì le, nǐ zhè jǐ tiān kàn xīnwén le méiyǒu?

Lǎo Wáng: Wǒ báitiān mángzhe zhǎo gōngzuò, wǎnshang huí jiā hái yào zuò jiāwù, nǎ yǒu shíjiān kàn xīnwén na. Yǒu shénme hǎo xiāoxi ma?

Lǎo Huáng: Diànshì shang shuō, zhèngfǔ wèile bāngzhù xià gǎng gōngrén zài jiù yè, bànle hěn duō péixùnbān, ràng zánmen qù xué diǎnr xīn jìshù.

Lǎo Wáng: Xuéhuìle xīn jìshù, zánmen jiù kěyǐ zhǎodào xīn gōngzuò le.

Lǎo Huáng: Duì, jiùshì zhèyàng.

Lǎo Wáng: Zhè kě zhēn shì yí ge hǎo xiāoxi. Nà nǐ dǎsuan xué shénme ne?

Lǎo Huáng: Bù zhīdào. Dōu jǐshí suì de rén le, xuédehuì ma?

Lǎo Wáng: Xuébuhuì yě děi xué. Zhèyàng ba, míngtiān zánmen yìqǐ qù bào míng ba.

Lǎo Huáng: Míngtiān? Wǒ hái méi xiǎnghǎo xué shénme ne.

Lǎo Wáng: Wǒ yě bù zhīdào xué shénme hǎo. Míngtiān xiān qù bào míng de dìfang kànkan, ránhòu zài juédìng.

Lǎo Huáng: Zhè...

Lǎo Wáng: Bié yóuyù le. Míngtiān jiǔ diǎn, wǒ zài zhèr děng nǐ, zánmen bújiànbúsàn.

Lǎo Huáng: Bújiànbúsàn.

Traduction française

Lao Wang: Il y a longtemps que je ne t'ai pas vu. De quoi t'occupes-tu ces derniers temps?

Lao Huang: Ne me demande pas. Je n'ai plus de quoi m'occuper, même si je le voulais. J'ai été licencié.

Lao Wang: Quoi? Tu as été licencié aussi?

Lao Huang: Oui. Et toi...?

Lao Wang : J'ai été licencié depuis le mois dernier déjà.

Lao Huang : Je n'ai que 40 ans cette année. Et toi, tu n'as pas encore 45, n'est-ce pas ? Qu'est-ce que nous allons faire ?

Lao Wang : Qu'est-ce que nous allons faire ? Trouver un nouveau travail ! De toutes façons, comme nous sommes déjà dans cette situation, ça ne sert à rien de s'inquiéter. J'ai déjà commencé à chercher un travail. Je ne crois pas que je n'arriverai pas à trouver un travail qui me convienne.

Lao Huang : Ton état d'esprit est bien meilleur que le mien. Les premiers jours, juste après le licenciement, j'étais fou d'anxiété. Je n'avais même pas osé le dire à ma femme parce que j'avais peur qu'elle s'inquiète.

Lao Wang : J'étais exactement comme toi au début. J'avais même fait semblant tous les jours d'aller au bureau. Après, j'ai réalisé que je ne pourrais pas le cacher toujours. Donc, je lui ai dit la vérité.

Lao Huang : Nous sommes dans la même misérable situation. Tiens, as-tu regardé les informations ces derniers jours ?

Lao Wang : Dans la journée je suis occupé à trouver du travail et le soir j'ai encore le ménage à faire. Je n'ai pas le temps de regarder les informations. Y a-t-il de bonnes nouvelles ?

Lao Huang : À la télé, on dit que le gouvernement a créé pas mal de cours de formation pour qu'on puisse apprendre de nouvelles technologies.

Lao Wang : Donc, après avoir appris de nouvelles technologies, on peut trouver de nouveau du travail.

Lao Huang : Oui, exactement.

Lao Wang : C'est vraiment une bonne nouvelle. Que veux-tu apprendre?

Lao Huang : Je ne sais pas. Arriverons-nous à apprendre quelque chose à notre âge?

Lao Wang : Nous y sommes obligés. Qu'en dis-tu, nous allons nous inscrire demain?

Lao Huang : Demain? Je n'ai pas encore réfléchi sur ce que je vais apprendre.

Lao Wang : Moi non plus, je ne sais pas encore. Allons d'abord jeter un coup d'oeil à l'endroit de l'inscription et nous déciderons après.

Lao Huang : Heu...

Lao Wang : N'hésite plus. Je vais t'attendre ici demain matin à neuf heures. Et chacun restera sur place jusqu'à ce que nous nous rencontrions.

Lao Huang : D'accord. À demain jusqu'à ce que nous nous retrouvions.

Notes

（一）别提了

Lorsqu'il est utilisé dans une réponse, il signifie que le locuteur n'est pas content du sujet évoqué par son interlocuteur.

（二）瞒得过今天，瞒不过明天

Cela signifie, "on ne peut pas cacher la vérité éternellement". Ici, "今天" et "明天" n'indiquent pas "aujourd'hui" et "demain".

（三）咱们不见不散

C'est une expression chinoise fréquente, utilisée pour prendre rendez-vous. Son sens littéral est《Si nous ne nous retrouvons pas, nous ne quitterons pas le lieu》. Elle engage les deux parties à se rendre au rendez-vous.

二

钱平平看了看闹钟21，还不到五点半。她想再睡一会儿，可是怎么也睡不着。大学毕业都快三个月了，她还没有找到满意22的工作。这一次好容易才找到一家挺不错的公司，但竞争23这个工作的人肯定不少。

今天的面试24一定要成功25！她想，干脆26早点儿起来，好好准备准备吧。第一次见面，一定要给人留下一个好印象。

穿什么衣服好呢？她先拿起一条连衣裙27，觉得不够性感28，随手29把它扔到了床上；又拿起一条吊带裙30，犹豫了一下，还是穿上了。

她又看了看闹钟，才六点半，时间还早。应该再养养神31。可是刚一坐下，闹钟就响32了起来，把她吓了一跳。她想，还是再化化妆33吧。

她拿出了那支一直34舍不得用的高级口红，颜色35不错，她满意地笑了。可是，"我是去找工作，又不是去见男朋友，还是庄重点儿好。"

最后，她换上了妈妈为她买的套装36，自信37地出了门。

钱平平看了看闹钟[21],还不到五点半。她想再睡一会儿,可是怎麽也睡不著。大学毕业都快三个月了,她还没有找到满意[22]的工作。这一次好容易纔找到一家挺不错的公司,但竞争[23]这个工作的人肯定不少。

今天的面试[24]一定要成功[25]!她想,乾脆[26]早点儿起来,好好準备準备吧。第一次见面,一定要给人留下一个好印象。

穿甚麽衣服好呢?她先拿起一条连衣裙[27],觉得不够性感[28],随手[29]把它扔到了床上;又拿起一条吊带裙[30],犹豫了一下,还是穿上了。

她又看了看闹钟,纔六点半,时间还早。应该再养养神[31]。可是刚一坐下,闹钟就响[32]了起来,把她嚇了一跳。她想,还是再化化妆[33]吧。

她拿出了那支一直[34]捨不得用的高级口红,颜色[35]不错,她满意地笑了。可是,"我是去找工作,又不是去见男朋友,还是莊重点儿好。"

最後,她换上了妈妈爲她买的套装[36],自信[37]地出了门。

Texte en Pinyin

Qián Píngping kànle kàn nàozhōng, hái bú dào wǔ diǎn bàn. Tā xiǎng zài shuì yíhuìr, kěshì zěnme yě shuìbuzháo. Dàxué bì yè dōu kuài sān ge yuè le, tā hái méiyǒu zhǎodào mǎnyì de gōngzuò. Zhè yí cì hǎoróngyì cái zhǎodào yì jiā tǐng búcuò de gōngsī,

第十课 还是庄重点儿好

dàn jìngzhēng zhè ge gōngzuò de rén kěndìng bù shǎo.

　　Jīntiān de miànshì yídìng yào chénggōng! Tā xiǎng, gāncuì zǎodiǎnr qǐlai, hǎohāor zhǔnbèi zhǔnbèi ba. Dì-yī cì jiànmiàn, yídìng yào gěi rén liúxià yí ge hǎo yìnxiàng.

　　Chuān shénme yīfu hǎo ne? Tā xiān náqǐ yì tiáo liányīqún, juéde bùgòu xìnggǎn, suíshǒu bǎ tā rēngdào le chuáng shang; yòu náqǐ yì tiáo diàodàiqún, yóuyù le yíxià, háishi chuānshang le.

　　Tā yòu kànle kàn nàozhōng, cái liù diǎn bàn, shíjiān hái zǎo, Yīnggāi zài yǎngyang shén. Kěshì gāng yí zuòxià, nàozhōng jiù xiǎngle qǐlai, bǎ tā xiàle yí tiào. Tā xiǎng, háishi zài huàhua zhuāng ba.

　　Tā náchū le nà zhī yìzhí shěbude yòng de gāojí kǒuhóng, yánsè búcuò, tā mǎnyì de xiào le. Kěshì, "wǒ shì qù zhǎo gōngzuò, yòu bú shì qù jiàn nánpéngyou, háishi zhuāngzhòngdiǎnr hǎo."

　　Zuìhòu, tā huànshang le māma wèi tā mǎi de tàozhuāng, zìxìn de chūle mén.

Traduction française

　　Qian Pingping regarde le réveil: il n'est pas encore 5:30. Elle voulait dormir encore un peu, mais elle n'arrive pas à se rendormir. Ça fait presque trois mois qu'elle a fini ses études universitaires, mais elle n'a pas encore trouvé un travail qui lui convienne. Cette fois-ci, après beaucoup d'efforts elle a trouvé une entreprise pas mal du tout. Mais il y a sûrement beaucoup de concurrents pour ce travail.

　　Il faut réussir l'entretien d'aujourd'hui! Elle se dit qu'il vaudrait mieux se lever et bien se préparer. Pour la première rencontre, il faut donner une bonne impression aux gens.

Comment s'habiller? D'abord, elle a pris une robe. Ne la trouvant pas assez sexy, elle l'a jetée nonchalamment sur le lit. Et puis, elle a pris une robe débardeur. Après un moment d'hésitation, elle la met sur elle.

Elle regarde de nouveau le réveil, il n'est que 6:30. Il est encore tôt. Elle devrait calmer son esprit. Mais juste après s'être assise, le réveil sonne et elle sursaute. Elle se dit qu'elle ferait mieux de se maquiller un peu.

Elle sort le coûteux rouge à lèvres qu'elle réservait pour une grande occasion. C'est une jolie couleur; elle sourit, satisfaite. "Cependant," pense-t-elle, "je vais chercher un travail, je ne vais pas sortir avec mon ami. Il vaudrait mieux être un peu plus sérieuse."

Finalement, elle se change pour un ensemble que sa maman lui a acheté et elle quitte la maison avec confiance.

Notes

（一）好容易才找到一家挺不错的公司

Dans ce cas, "好容易" peut aussi se dire "好不容易". Tous les deux signifient "很不容易." Un autre exemple: "我好不容易才找到他的家。"

（二）还是穿上了

"还是" ici et dans le texte suivant indique un choix qui a été fait après comparaison et réflexion.

（三）把她吓了一跳

Cela signifie "étonner". On peut aussi dire "吓了她一跳".

yǔ fǎ 语 法 Grammaire

副词用法小结 Résumé sur les adverbes

En chinois, les adverbes ont souvent plusieurs significations et donc leur usage est plus complexe. Certains adverbes transmettent l'avis subjectif et le ton du locuteur. Voici quelques exemples des adverbes de ce genre:

1. "就"

"就" peut être utilisé pour indiquer le sentiment du locuteur qui trouve que les choses se passent《 plus vite, plus tôt et plus facilement 》que prévu.

Ex.
(1) 九点上课，他八点半**就**来了。
(2) 我上个月**就**下岗了。
(3) 汽车开了十来分钟**就**到了那儿。
(4) 你等一下，我马上**就**来。
(5) 我一进门**就**看到他了。
(6) 你多读几遍**就**记住了。

2. "才"

À l'opposé de "就", "才" est utilisé pour indiquer le sentiment du locuteur qui trouve que les choses se passent plus tard, plus lentement et plus difficilement que prévu.

Ex.
(1) 九点上课，他九点半**才**来。
(2) 你怎么现在**才**来?
(3) 汽车开了七个小时**才**到那儿。
(4) 这一次好容易**才**找到一家挺不错的公司。
(5) 我跑了好几家书店**才**买到这本书。

Lorsque "才" est placé devant les mots qui indiquent le temps, l'âge ou la quantité, il signifie "seulement".

Ex.
(1) 她又看了看闹钟，**才**六点半。
(2) **才**十二点，早着呢。
(3) 你**才**三十，我都四十了。
(4) 这本书真便宜，**才**十块钱。

3. "都"

Lorsque "都" est placé devant des mots qui indiquent le temps ou l'âge, il signifie "déjà", au contraire de "才".

Ex.
(1) 大学毕业**都**快三个月了。
(2) **都**几十岁的人了，学得会吗？
(3) **都**十二点了，你还不睡觉啊？
(4) 我今年**都**三十了，不年轻了。

4. "还"

"还" signifie "seulement, pas encore"(comme dans les exemples 1-6), et 《l'augmentation de la portée et de l'envergure》(comme dans les exemples 7-8).

Ex.
(1) 才六点半，时间**还**早。
(2) 我去了北京、上海、西安和成都，**还**买了好多好多东西呢。
(3) 急什么，**还**有一个多小时呢。
(4) 大学毕业都快三个月了，她**还**没有找到满意的工作。
(5) 你怎么**还**没走啊？再不走就来不及了。
(6) 钱平平看了看闹钟，**还**不到五点半。
(7) 我白天忙着找工作，晚上回家**还**要做家务。
(8) 除了衣服以外，你**还**想买什么？

Notes

"就"，"都"，"才"，et "还" sont tous des adverbes et ne peuvent pas être placés devant le sujet.

第十一课 "要"还是"借"?
Dì-shíyī kè "Yào" háishi "jiè"?

Leçon onze 《Demander》 ou 《emprunter》?

cí yǔ
词 语

Expression et mots nouveaux

1. 假期	N.	jiàqī	vacances	
2. 辛苦	Adj.	xīnkǔ	dur, difficile	
3. 不但	Conj.	búdàn	non seulement	
4. 利用	V.	lìyòng	utiliser, profiter de	
5. 段	Spéc.	duàn	section, paragraphe	
6. 选	V.	xuǎn	sélectionner, choisir	選
7. 门	Spéc.	mén	spécificatif pour un cours ou un sujet	門
8. 学分	N.	xuéfēn	crédit	個 學分
9. 哪怕	Conj.	nǎpà	même si, sans tenir compte de	
10. 贷款	N., V.O.	dàikuǎn	prêt; prêter	貸款
11. 挣	V.	zhēng	gagner (de l'argent)	
12. 分	V.	fēn	diviser	
13. 既然	Conj.	jìrán	puisque	
14. 想法	N.	xiǎngfǎ	idée, réflexion	
15. 独立	V.	dúlì	prendre son indépendance, s'émanciper	獨立
16. 只有	Conj.	zhǐyǒu	seulement, ne...que	祇有
17. 万一	Adv.	wànyī	au cas où, et si...	萬一
18. 即使	Conj.	jíshǐ	même si	
19. 回	Spéc.	huí	terme employé pour signifier le nombre de fois où une action est répétée	

145

20. 路上	N.	lùshang	sur la route	
21. 部分	N.	bùfen	une partie de	
22. 感到	V.	gǎndào	sentir	
23. 理解	V.	lǐjiě	comprendre	
24. 房租	N.	fángzū	loyer	
25. 可笑	Adj.	kěxiào	ridicule	
26. 不论	Conj.	bùlùn	quel que soit	不論
27. 伸手	V.O.	shēn shǒu	littéralement: tendre la main (pour demander quelque chose)	
28. 笔	Spéc.	bǐ	spécificatif pour une somme d'argent	筆
29. 数目	N.	shùmù	quantité, somme	數目
30. 仔细	Adj.	zǐxì	soigneux, attentif	仔細
31. 却	Adv.	què	mais, cependant, néanmoins	卻
32. 再说	Conj.	zàishuō	remettre à plus tard, de plus	再說
33. 学位	N.	xuéwèi	année, diplôme, grade (universitaire)	學位
34. 道理	N.	dàolǐ	raison, bon sens	
35. 仅仅	Adv.	jǐnjǐn	seulement, à peine	僅僅
36. 主要	Adj.	zhǔyào	essentiel, principal	
37. 任务	N.	rènwù	tâche, mission	任務

课文 Texte

一

某大学校园路上,马克和林娜在商量暑假怎么过。

第十一课 "要"还是"借"?

马　克：假期[1]咱们一起去打工吧!

林　娜：我是想去打工,可是我爸爸妈妈说,女孩子打工太辛苦[2]。他们不但[3]不让我打工,而且还让我利用[4]这段[5]时间多选[6]几门[7]课,多拿几个学分[8]。

马　克：那你明年的学费怎么办?

林　娜：向我爸爸妈妈要啊。我爸妈说了,虽然我们家不是很有钱,但是只要我需要,他们就会给我想办法,哪怕[9]贷款[10]也没关系。我要多少他们就会给多少。

马　克：那你什么时候还他们?

林　娜：我不还他们,他们也不要我还。你父母给你钱,还要你还吗?

马　克：他们不是"给"我钱,是"借给"我钱。我已经借了我父母三千多块钱了,等我大学毕业找到工作以后,我会很快还他们的。

林　娜：真有意思。父母挣[11]钱不就是为了孩子吗?父母的钱就是孩子的钱,分[12]那么清楚干什么?

马　克：我已经二十岁,不是孩子了。父母挣钱也不是为了我,他们有自己的生活。

林　娜：我还是不明白。不管什么时候,父母和孩子都是一家人。既然[13]是一家人,就不用分得那么清楚。

马　克：那是你们中国人的想法[14]。可是我们觉得,虽然孩子和父母是一家人,但是只要你到了十八

林　娜：岁，你就应该独立[15]。只有[16]在经济上独立了，你才能真正地独立。
马　克：那万一[17]你大学毕业以后找不着好工作，你借他们的钱，还不了怎么办？

等等，马　克：这个问题我还真没想过。不过我想，即使[18]还不了也没关系。
林　娜：那还不是一回[19]事儿。
马　克：不是一回事儿，是两回事儿。

馬　克：假期[1]咱們一起去打工吧！
林　娜：我是想去打工，可是我爸爸媽媽說，女孩子打工太辛苦[2]。他們不但[3]不讓我打工，而且還讓我利用[4]這段[5]時間多選[6]幾門[7]課，多拿幾個學分[8]。
馬　克：那你明年的學費怎麼辦？
林　娜：向我爸爸媽媽要啊。我爸媽說了，雖然我們家不是很有錢，但是祇要我需要，他們就會給我想辦法，哪怕[9]貸款[10]也沒關係。我要多少他們就會給多少。
馬　克：那你甚麼時候還他們？
林　娜：我不還他們，他們也不要我還。你父母給你錢，還要你還嗎？
馬　克：他們不是"給"我錢，是"借給"我錢。我已經借了我父母三千多塊錢了，等我大學畢業找到工作以後，我會很快還他們的。

林　娜：真有意思。父母挣¹¹錢不就是爲了孩子嗎？父母的錢就是孩子的錢，分¹²那麼清楚幹甚麼？

馬　克：我已經二十歲，不是孩子了。父母挣錢也不是爲了我，他們有自己的生活。

林　娜：我還是不明白。不管甚麼時候，父母和孩子都是一家人。既然¹³是一家人，就不用分得那麼清楚。

馬　克：那是你們中國人的想法¹⁴。可是我們覺得，雖然孩子和父母是一家人，但是祇要你到了十八歲，你就應該獨立¹⁵。祇有¹⁶在經濟上獨立了，你才能真正地獨立。

林　娜：那萬一¹⁷你大學畢業以後找不著好工作，你借他們的錢，還不了怎麼辦？

馬　克：這個問題我還真沒想過。不過我想，即使¹⁸還不了也沒關係。

林　娜：那還不是一回¹⁹事兒。

馬　克：不是一回事兒，是兩回事兒。

Texte en Pinyin

Mǎkè: Jiàqī zánmen yìqǐ qù dǎ gōng ba!

Lín Nà: Wǒ shì xiǎng qù dǎ gōng, kěshì wǒ bàba māma shuō, nǚháizi dǎ gōng tài xīnkǔ. Tāmen búdàn bú ràng wǒ dǎ gōng, érqiě hái ràng wǒ lìyòng zhè duàn shíjiān duō xuǎn jǐ mén kè, duō ná jǐ ge xuéfēn.

Mǎkè: Nà nǐ míngnián de xuéfèi zěnme bàn?

Lín Nà: Xiàng wǒ bàba māma yào a. Wǒ bàmā shuōle, suīrán wǒmen jiā búshì hěn yǒu qián, dànshì zhǐyào wǒ xūyào, tāmen jiù huì gěi wǒ xiǎng bànfǎ, nǎpà dài kuǎn yě méi guānxi. Wǒ yào duōshǎo tāmen jiù huì gěi duōshǎo.

Mǎkè: Nà nǐ shénme shíhou huán tāmen?

Lín Nà: Wǒ bù huán tāmen, tāmen yě bú yào wǒ huán. Nǐ fùmǔ gěi nǐ qián, hái yào nǐ huán ma?

Mǎkè: Tāmen bú shì "gěi" wǒ qián, shì "jiè gěi" wǒ qián. Wǒ yǐjīng jièle wǒ fùmǔ sān qiān duō kuài qián le, děng wǒ dàxué bì yè zhǎodào gōngzuò yǐhòu, wǒ huì hěn kuài huán tāmen de.

Lín Nà: Zhēn yǒu yìsi. Fùmǔ zhèng qián bú jiù shì wèile háizi ma? Fùmǔ de qián jiù shì háizi de qián, fēn nàme qīngchǔ gàn shénme?

Mǎkè: Wǒ yǐjīng èrshí suì, bú shì háizi le. Fùmǔ zhèng qián yě bú shì wèile wǒ, tāmen yǒu zìjǐ de shēnghuó.

Lín Nà: Wǒ háishi bù míngbai. Bùguǎn shénme shíhou, fùmǔ hé háizi dōu shì yì jiā rén. Jìrán shì yì jiā rén, jiù búyòng fēn de nàme qīngchu.

Mǎkè: Nà shì nǐmen Zhōngguórén de xiǎngfǎ. Kěshì wǒmen juéde, suīrán háizi hé fùmǔ shì yì jiā rén, dànshì zhǐyào nǐ dàole shíbā suì, nǐ jiù yīnggāi dúlì. Zhǐyǒu zài jīngjì shang dúlì le, nǐ cái néng zhēnzhèng de dúlì.

Lín Nà: Nà wànyī nǐ dàxué bì yè yǐhòu zhǎobuzháo hǎo gōngzuò, nǐ jiè tāmen de qián huánbuliǎo zěnme bàn?

Mǎkè: Zhè ge wèntí wǒ hái zhēn méi xiǎngguo. Búguò wǒ xiǎng, jíshǐ huánbuliǎo yě méi guānxi.

Lín Nà: Nà hái bú shì yì huí shìr.

Mǎkè: Bú shì yì huí shìr, shì liǎng huí shìr.

Traduction française

Sur la voie d'un campus, Make et Lin Na sont en train de discuter sur la manière de passer leurs vacances d'été.

Make : Pendant ces vacances, cherchons un job d'été ensemble !

Lin Na : J'aimerais bien, mais mes parents trouvent que c'est trop dur pour une fille de travailler. Non seulement ils ne me le permettent pas, mais ils veulent en plus que je profite de ce temps pour suivre plus de cours et accumuler plus de crédits.

Make : Comment feras-tu pour payer tes frais de scolarité l'année prochaine?

Lin Na : Je leur demanderai de l'argent. Bien que nous ne soyons pas très riches, disent-ils, ils trouveront un moyen de m'aider si j'ai besoin d'argent, même s'il faut pour cela faire un emprunt. Ils me donneront autant que nécessaire.

Make : Mais quand est-ce que tu les rembourseras alors?

Lin Na : Je n'ai pas besoin de les rembourser, et d'ailleurs, ils ne voudront pas que je les rembourse. Quand tes parents te donnent de l'argent, est-ce qu'ils veulent que tu le leur rendes?

Make : Ce n'est pas qu'ils me donnent de l'argent, c'est plutôt qu'ils me le prêtent. J'ai déjà emprunté trois mille dollars à mes parents. Lorsque j'aurai trouvé un travail après l'université, je les rembourserai rapidement.

Lin Na : Très intéressant. Est-ce que les parents ne gagnent pas l'argent pour leurs enfants? L'argent des parents est l'argent des enfants, pourquoi faire une distinction?

Make：J'ai déjà 20 ans et je ne suis plus un enfant. Mes parents ne gagnent pas l'argent juste pour moi, ils ont leur propre vie.

Lin Na：Je ne comprends toujours pas. Les parents et les enfants sont une famille, peu importe l'âge. Puisque nous sommes une famille, ce n'est pas la peine de distinguer si clairement.

Make：Ça, c'est une attitude bien chinoise. Nous, nous pensons que vous devriez prendre votre indépendance dès que vous aurez dix-huit ans, même si les parents et les enfants forment une seule famille. On n'est réellement indépendant que lorsqu'on est indépendant financièrement.

Lin Na：Que ferais-tu si tu ne trouvais pas un bon travail après l'université et que tu ne pouvais pas leur rembourser l'argent que tu as emprunté?

Make：À vrai dire, je n'y avais jamais pensé. Mais je crois que ce ne sera pas grave si je n'arrivais pas à les rembourser.

Lin Na：Mais alors cela revient au même.

Make：Cela ne revient pas au même. Ce sont deux choses différentes.

 Notes

（一）我是想去打工

　　Dans ce cas, "是" exprime une confirmation, et doit être prononcé avec accent tonique.

（二）只有在经济上独立了

　　Ici "上" signifie "方面", ou "sur le plan de; dans le domaine de".

第十一课 "要"还是"借"？

Ex.　在政治上 / 在法律上 / 在生活上 / 在爱情上

（三）那还不是一回事

C'est une phrase interro-négative. Cela signifie "那是一回事", en français "C'est la même chose".

二

今天在路上[20]碰见了马克，他建议我假期去打工。马克告诉我，他的学费一部分[21]是自己打工挣的，一部分是跟父母借的，将来要还给父母。更让我感到[22]不能理解[23]的是，他假期回家住在家里，他爸爸还要他交房租[24]！

开始的时候我觉得很可笑[25]，怎么会这样？中国的孩子，不论[26]过没过十八岁，只要没结婚，没工作，都可以伸手[27]向父母要钱，谁也不会说"借"。

我记不清从小到大跟父母要过多少钱了，只知道光这两年的学费、生活费就是一笔[28]不小的数目[29]。仔细[30]一想，我吓坏了，要是他们要我还，我还得起吗？

也许我也应该去打工。于是就给父母打了个电话，可是却[31]被爸爸骂了一顿："谁要你还了？你还得起吗？再说[32]，你早点把学位[33]读出来，早点找一个好工作，不就什么都有了？"

爸爸的话好像也有道理[34]。他和妈妈从来没想到要我还钱，我要还给他们的也不仅仅[35]是钱。我现在是学生，主要[36]的任务[37]是学习，只要把学习搞好就行了。

算了，打工的事儿，以后再说吧。

今天在路上[20]碰見了馬克，他建議我假期去打工。馬克告訴我，他的學費一部分[21]是自己打工掙的，一部分是跟父母借的，將來要還給父母。更讓我感到[22]不能理解[23]的是，他假期回家住在家裏，他爸爸還要他交房租[24]！

開始的時候我覺得很可笑[25]，怎麼會這樣？中國的孩子，不論[26]過沒過十八歲，祇要沒結婚，沒工作，都可以伸手[27]向父母要錢，誰也不會說"借"。

我記不清從小到大跟父母要過多少錢了，祇知道光這兩年的學費、生活費就是一筆[28]不小的數目[29]。仔細[30]一想，我嚇壞了，要是他們要我還，我還得起嗎？

也許我也應該去打工。於是就給父母打了個電話，可是卻[31]被爸爸罵了一頓："誰要你還了？你還得起嗎？再說[32]，你早點把學位[33]讀出來，早點找一個好工作，不就甚麼都有了？"

第十一课 "要"还是"借"?

　　爸爸的話好像也有道理[34]。他和媽媽從來沒想到要我還錢，我要還給他們的也不僅僅[35]是錢。我現在是學生，主要[36]的任務[37]是學習，衹要把學習搞好就行了。

　　算了，打工的事兒，以後再說吧。

Texte en Pinyin

　　Jīntiān zài lùshang pèngjiànle Mǎkè, tā jiànyì wǒ jiàqī qù dǎ gōng. Mǎkè gàosù wǒ, tā de xuéfèi yí bùfen shì zìjǐ dǎ gōng zhèng de, yí bùfēn shì gēn fùmǔ jiè de, jiānglái yào huángěi fùmǔ. Gèng ràng wǒ gǎndào bù néng lǐjiě de shì, tā jiǎqī huí jiā zhù zài jiā li, tā bàba hái yào tā jiāo fángzū!

　　Kāishǐ de shíhou wǒ juéde hěn kěxiào, zěnme huì zhèyàng? Zhōngguó de háizi, búlùn guò méi guò shíbā suì, zhǐyào méi jié hūn, méi gōngzuò, dōu kěyǐ shēn shǒu xiàng fùmǔ yào qián, shuí yě bú huì shuō "jiè".

　　Wǒ jìbuqīng cóng xiǎo dào dà gēn fùmǔ yàoguo duōshǎo qián le, zhǐ zhīdao guāng zhè liǎng nián de xuéfèi, shēnghuófèi jiù shì yì bǐ bù xiǎo de shùmù. Zǐxì yì xiǎng, wǒ xiàhuài le, yàoshi tāmen yào wǒ huán, wǒ huándeqǐ ma?

　　Yěxǔ wǒ yě yīnggāi qù dǎ gōng, yúshì jiù gěi fùmǔ dǎle ge diànhuà, kěshì què bèi bàba màle yí dùn: "Shuí yào nǐ huán le? Nǐ huándeqǐ ma? Zàishuō, nǐ zǎo diǎn bǎ xuéwèi dú chulai, zǎo diǎn zhǎo yí ge hǎo gōngzuò, bú jiù shénme dōu yǒu le?"

　　Bàba de huà hǎoxiàng yě yǒu dàolǐ. Tā hé māma cónglái méi xiǎngdào yào wǒ huán qián, wǒ yào huán gěi tāmen de yě bù jǐnjǐn shì qián. Wǒ xiànzài shì xuésheng, zhǔyào de rènwù shì xuéxí, zhǐyào bǎ xuéxí gǎohǎo jiù xíng le.

　　Suànle, dǎ gōng de shìr, yǐhòu zàishuō ba.

LE CHINOIS CONTEMPORAIN

Traduction française

Aujourd'hui, j'ai rencontré Make dans la rue. Il m'a proposé d'aller chercher un travail temporaire pendant les vacances. Make m'a raconté qu'une partie de ses frais de scolarité est payée par son travail temporaire, et que l'autre partie est empruntée à ses parents qu'il remboursera plus tard. Le plus incompréhensible pour moi est que son père lui demande de payer un loyer lorsqu'il habite chez lui pendant les vacances.

Au début je trouvais cela ridicule: comment est-ce possible? Les enfants chinois, peu importe qu'ils aient ou non dix-huit ans, peuvent toujours demander de l'argent à leurs parents, du moment qu'ils ne sont pas mariés et qu'ils ne travaillent pas. Personne ne parlerait d'《emprunt》.

Je ne me rappelle pas combien de fois j'ai demandé de l'argent à mes parents depuis que je suis enfant. Tout ce que je sais c'est que les frais de scolarité et les frais de subsistance de ces deux derniè res années font déjà une somme d'argent non négligeable. En réfléchissant bien, j'ai trop peur: serais-je capable de les rembourser s'ils me le demandaient?

Peut-être qu'il faut que j'aille trouver un travail aussi. J'ai donc téléphoné à mes parents. Mais je me suis fait réprimander par mon père: 《Qui t'a demandé de rembourser? Es-tu capable de le faire? En plus, si tu arrives à obtenir ton diplôme plus tôt, et si tu trouves rapidement un bon travail après, n'auras-tu pas tout ce qu'il faut?》

Ce que dit mon père a l'air raisonnable. Lui et maman n'avaient jamais pensé que je les rembourserais. Ce que je leur dois ce n'est pas seulement de l'argent. Je suis étudiante maintenant et mon devoir principal est donc d'étudier; il suffit que j'obtienne de bons résultats dans mes études.

Tant pis, cette histoire de recherche d'un travail temporaire, on en reparlera plus tard.

（一）再说

Cela est utilisé pour relier des phrases. Il indique une raison ou un argument pour compléter ceux déjà présentés.

（二）不就什么都有了

Cela signifie "tu auras tout"(l'argent et le diplôme). "不就……了"est une phrase interro-négative qui signifie "就……了".

Ex. 你打个电话问问她，不就知道了？

（三）以后再说吧

"再说" est utilisé à la fin d'une phrase. Il signifie "ne pas accorder d'importance à quelque chose".

复句 Phrase composée

Les conjonctions dans les phrases composées se trouvent en général par paires. Par exemple:"因为……所以","如果……就",et"既……又"。Voici quelques exemples usuels de phrases composées:

1. 虽然……，但（是）/ 可是……Bien que..., (mais)

Ex.
(1) **虽然**我们家不是很有钱，**但是**只要我需要，他们就会给我想办法。
(2) **虽然**孩子和父母是一家，**但是**要你到了十八岁，你就应该独立。
(3) **虽然**我已经是大学生了，**但是**爸爸妈妈还是把我当成孩子。
(4) 我**虽然**没见过他，**可是**我听说过他。
(5) **虽然**马丁心里很生气，**可是**什么也没说。

2. 哪怕 / 即使……，也……même si / quoique... pourtant...

Ex.
(1) **哪怕**贷款**也**没关系。
(2) **哪怕**明天下雨，我**也**要去爬山。
(3) **即使**不还**也**没关系。
(4) **即使**你们都同意，我**也**不能这么做。

3. 只有……，才……seulement..., alors...

Ceci est utilisé pour indiquer que la condition dans la première proposition est non seulement importante mais aussi nécessaire. Cette condition doit être remplie bien qu'elle soit difficile à remplir. L'accent de cette phrase est sur la première proposition.

Ex.
(1) **只有**在经济上独立了，你**才**能真正地独立。
(2) 你**只有**找到她，**才**能找到马力。
(3) **只有**认真学习，你**才**会有进步。
(4) **只有**考上好大学，将来**才**能找到好工作。

4. 只要……，就…… si / à condition que / il suffit de...

第十一课 "要"还是"借"？

Cela signifie que si une condition se présente, il y aura un certain résultat. L'accent de cette phrase est sur la deuxième proposition.

Ex.
(1) **只要**你到了十八岁，你**就**应该独立。
(2) **只要**没结婚，没工作，**就**可以伸手向父母要钱。
(3) **只要**考上了好大学，将来**就**能找到好工作。
(4) **只要**我有时间，我**就**一定去。

5. 不论 / 不管……, 都…… quelque... que / n'importe...

Dans cette phrase composée, la première proposition envisage au moins deux possibilités, ou indique une situation indéfinie en utilisant des pronoms interrogatifs comme "什么" ou "谁".

Ex.
(1) 中国的孩子，**不论**过没过十八岁，**都**可以伸手向父母要钱。
(2) **不管**明天下雨（还是）不下雨，我**都**要去爬山。
(3) **不管**在北京还是在上海或者别的大城市，**都**可以看见很多外国人。
(4) **不管**什么时候，父母和孩子**都**是一家人。
(5) **不论**是谁（老师还是学生），**都**不能在教室抽烟。

 Notes

Les conjonctions ci-dessus, "也", "才", "就" et "都", sont toutes des adverbes, donc elles ne peuvent pas être placées devant le sujet.

第十二课 买枝¹红玫瑰²
Dì-shí'èr kè Mǎi zhī hóng méigui
Leçon douze Acheter une rose rouge

词语 cí yǔ

Expression et mots nouveaux

1. 枝	Spéc.	zhī	branche; spécificatif pour les plantes et les fleurs	
2. 玫瑰	N.	méigui	rose	枝 朵
3. 节日	N.	jiérì	fête, festival	節日
4. 独特	Adj.	dútè	unique, spécial, particulier	獨特
5. 过节	V.O.	guò jié	célébrer une fête	過節
6. 方式	N.	fāngshì	méthode, façon	
7. 传统	N., Adj.	chuántǒng	tradition; traditionnel	傳統
8. 等等	Pt.	děngděng	etc.	
9. 假如	Conj.	jiǎrú	si, supposons que	
10. 少数民族	N.	shǎoshù mínzú	minorité nationale	少數民族
11. 加	V.	jiā	ajouter	
12. 元宵	N.	yuánxiāo	boulette de riz glutineux farcie	
13. 月饼	N.	yuèbǐng	gâteau de lune	月餅
14. 聊天儿	V.O.	liáo tiānr	discuter, bavarder	聊天兒
15. 流行	Adj.	liúxíng	populaire, à la mode	
16. 呆	V.	dāi	rester	
17. 人满为患		rén mǎn wéi huàn	surpeuplé	人滿爲患
18. 开放	V.	kāifàng	s'ouvrir	開放
19. 西方	N.	xīfāng	occident	
20. 好奇	Adj.	hàoqí	curieux	

160

21.	浪漫	Adj.	làngmàn	romantique	
22.	五颜六色		wǔ yán liù sè	multicolore	五顏六色
23.	对于…… 来说		duìyú... láishuō	quant à, en ce qui concerne	對於…… 來說
	对于	Prép.	duìyú	sur, à l'égard de	對於
24.	似乎	Adv.	sìhū	comme si, en apparence	
25.	专利	N.	zhuānlì	brevet	專利
26.	丝巾	N.	sījīn	foulard en soie 条	絲巾
27.	袜子	N.	wàzi	chaussettes 双	襪子
28.	贵重	Adj.	guìzhòng	précieux, cher	貴重
29.	接受	V.	jiēshòu	accepter, recevoir	
30.	合不拢嘴		hé bù lǒng zuǐ	rester bouche bée (de joie), rire à gorge déployée	合不攏嘴
31.	失落	Adj.	shīluò	désappointé, perdu	
32.	出现	V.	chūxiàn	apparaître	出現
33.	广告	N.	guǎnggào	publicité	廣告
34.	算不上		suànbúshàng	ne pas être considéré comme, ne pas être comme	
35.	某	Pron.	mǒu	certain	
36.	使	V.	shǐ	faire, rendre, causer	
37.	感受	N., V.	gǎnshòu	sentiment, ressentir	
38.	真挚	Adj.	zhēnzhì	sincère	真摯

Noms propres

39.	春节	Chūn Jié	Fête du printemps	春節
40.	元宵节	Yuánxiāo Jié	Fête des lanternes	元宵節
41.	中秋节	Zhōngqiū Jié	Fête de la lune	中秋節
42.	圣诞节	Shèngdàn Jié	Noël	聖誕節
43.	情人节	Qíngrén Jié	Saint Valentin	情人節
44.	母亲节	Mǔqīn Jié	la Fête des mères	母親節
45.	父亲节	Fùqīn Jié	la Fête des pères	父親節

kè wén
课 文 Texte

每个国家都有自己的节日[3]，也有自己独特[4]的过节[5]方式[6]。中国也一样。中国最重要的传统[7]节日当然是春节[39]。除了春节以外，中国还有元宵节[40]、中秋节[41]等等[8]。假如[9]把少数民族[10]的节日也加[11]上，中国人几乎天天都在过节。

以前，中国人过节特别喜欢吃：春节吃饺子，元宵节吃元宵[12]，中秋节吃月饼[13]。吃完以后，喝喝茶，聊聊天儿[14]，看看电视，时间很快就过去了。开始的时候在家里吃，后来觉得太麻烦，很多人就到饭店吃。吃多了，慢慢儿就觉得没什么意思，想出去走走、看看。所以旅游就流行[15]起来了：五一去旅游，十一去旅游，就连春节也不再像以前那样呆[16]在家里了。结果呢，火车、汽车、饭店、公园，到处人满为患[17]。

现在，中国开放[18]了，除了传统的节日以外，很多人还非常喜欢过外国人的节日。特别是年轻人，他们过西方[19]人的节日主要是因为好奇[20]。他们最喜欢的西方节日是圣诞节[42]和情人节[43]。在他们看来，西方人的圣诞节过得很浪漫[21]：圣诞树上五颜六色[22]的灯，穿着红衣服的圣诞老人……；情人节也是这样，2月14号那天，花店里非常热闹，小伙子们都想买一枝红玫瑰，送给自己的女朋友。

对于[23]年纪大一些的人来说，传统节日过得太多了，圣诞节和情人节似乎[24]又是年轻人的专利[25]。于是，中国又"进口"了母亲节[44]。到了5月的那一天，孩子们——尤其是女儿们——总会想着给母亲送上些小礼物，比如丝巾[26]、袜子[27]什么的。当然，有的礼物也很贵重[28]。不管是什么样的礼物，母亲们在接受[29]的时候都会笑得合不拢嘴[30]。这样一来，父亲们多少会有些失落[31]。可是，没过多久，商店的门前出现[32]了这样的广告[33]：别忘了你父亲！于是，中国也有了父亲节[45]。

节日越来越多，过节的方式也变得越来越让人感动。一件小小的礼物其实也算不上[34]什么，可是在某[35]一个特别的时候，常常能使[36]人感受[37]到真挚[38]的情和爱。

每個國家都有自己的節日[3]，也有自己獨特[4]的過節[5]方式[6]。中國也一樣。中國最重要的傳統[7]節日當然是春節[39]。除了春節以外，中國還有元宵節[40]、中秋節[41]等等⁸。假如⁹把少數民族¹⁰的節日也加¹¹上,中國人幾乎天天都在過節。

以前,中國人過節特別喜歡吃:春節吃餃子,元宵節吃元宵¹²,中秋節吃月餅¹³。吃完以後,喝喝茶,聊聊天兒¹⁴,看看電視,時間很快就過去了。開始的時候在家裏吃,後來覺得太麻煩,很多人就到飯店吃。吃多了,慢慢兒就覺得沒甚麼意思,想出去走走、看看。所以旅遊就流行¹⁵起來了:五一去旅遊,十一去旅遊,就連春節也不再像以前那樣呆¹⁶在家裏了。結果呢,火車、汽車、飯店、公園,到處人滿為患¹⁷。

現在,中國開放¹⁸了,除了傳統的節日以外,很多人還非常喜歡過外國人的節日。特別是年輕人,他們過西方¹⁹人的節日主要是因為好奇²⁰。他們最喜歡的西方節日是聖誕節⁴²和情人節⁴³。在他們看來,西方人的聖誕節過得很浪漫²¹:聖誕樹上五顏六色²²的燈,穿着紅衣服的聖誕老人……;情人節也是這樣,2月14號那天,花店裏非常熱鬧,小伙子們都想買一枝紅玫瑰,送給自己的女朋友。

對於²³年紀大一些的人來說,傳統節日過得太多了,聖誕節和情人節似乎²⁴又是年輕人的專利²⁵。於是,中國又"進口"了母親節⁴⁴。到了5月的那一天,孩子們——尤其是女兒們——總會想着給母親送上些小禮物,比如絲巾²⁶、襪子²⁷甚麼的。當然,有的禮物也很貴重²⁸。不管是甚麼樣的禮物,母親們在接受²⁹的時候都會笑得合不攏嘴³⁰。這樣一來,父親們多少會有些失落³¹。可是,沒過多久,商店的門前出現³²了這樣的廣告³³:別忘了你父親!於是,中國也有

第十二课　买枝红玫瑰

了父親節[45]。

　　節日越來越多，過節的方式也變得越來越讓人感動。一件小小的禮物其實也算不上[34]甚麼，可是在某[35]一個特別的時候，常常能使[36]人感受[37]到真摯[38]的情和愛。

Texte en Pinyin

　　Měi ge guójiā dōu yǒu zìjǐ de jiérì, yě yǒu zìjǐ dútè de guò jié fāngshì. Zhōngguó yě yíyàng. Zhōngguó zuì zhòngyào de chuántǒng jiérì dāngrán shì Chūn Jié. Chúle Chūn Jié yǐwài, Zhōngguó hái yǒu Yuánxiāo Jié、Zhōngqiū Jié děngděng. Jiǎrú bǎ shǎoshù mínzú de jiérì yě jiāshang, Zhōngguórén jīhū tiān tiān dōu zài guò jié.

　　Yǐqián, Zhōngguórén guò jié tèbié xǐhuan chī: Chūn Jié chī jiǎozi, Yuánxiāo Jié chī yuánxiāo, Zhōngqiū Jié chī yuèbǐng. Chīwán yǐhòu, hēhe chá, liáoliao tiānr, kànkan diànshì, shíjiān hěn kuài jiù guòqu le. Kāishǐ de shíhou zài jiāli chī, hòulái juéde tài máfan, hěn duō rén jiù dào fàndiàn chī. Chīduō le, mànmānr jiù juéde méi shénme yìsi, xiǎng chūqu zǒuzou, kànkan. Suǒyǐ lǚxíng jiù liúxíng qilai le: Wǔ-yī qù lǚyóu, Shí-yī qù lǚyóu, jiù lián Chūn Jié yě bú zài xiàng yǐqián nàyàng dāi zài jiāli le. Jiéguǒ ne, huǒchē, qìchē, fàndiàn, gōngyuán, dàochù rénmǎnwéihuàn.

　　Xiànzài, Zhōngguó kāifàng le, chúle chuántǒng de jiérì yǐwài, hěn duō rén hái fēicháng xǐhuan guò wàiguórén de jiérì. Tèbié shì niánqīngrén, tāmen guò xīfāngrén de jiérì zhǔyào shì yīnwèi hàoqí. Tāmen zuì xǐhuan de xīfāng jiérì shì Shèngdàn Jié hé Qíngrén Jié. Zài tāmen kànlái, xīfāngrén de Shèngdàn Jié guò de hěn làngmàn: shèngdànshù shang wǔyánliùsè de dēng, chuānzhe hóng yīfu de Shèngdàn lǎorén…; Qíngrén Jié yě shì zhèyàng, èr yuè shísì hào nà tiān, huādiàn li fēicháng rènào, xiǎohuǒzimen dōu xiǎng mǎi yì zhī hóng méigui, sòng gěi zìjǐ de nǚpéngyou.

Duìyú niánjì dà yìxiē de rén láishuō, chuántǒng jiérì guò de tài duō le, Shèngdàn Jié hé Qíngrén Jié sìhū yòu shì niánqīngrén de zhuānlì. Yúshì, Zhōngguó yòu "jìnkǒu" le Mǔqīn Jié. Dàole wǔ yuè de nà yì tiān, háizimen——yóuqí shì nǚ'érmen——zǒng huì xiǎngzhe gěi mǔqin sòngshang xiē xiǎo lǐwù, bǐrú sījīn, wàzi shénmede. Dāngrán, yǒude lǐwù yě hěn guìzhòng. Bùguǎn shì shénmeyàng de lǐwù, mǔqinmen zài jiēshòu de shíhou dōu huì xiào de hébulǒngzuǐ. Zhèyàng yì lái, fùqinmen duōshǎo huì yǒuxiē shīluò. Kěshì, méi guò duō jiǔ, shāngdiàn de ménqián chūxiànle zhèyàng de guǎnggào: bié wàngle nǐ fùqin! Yúshì, Zhōngguó yě yǒu le Fùqīn Jié.

Jiérì yuèláiyuè duō, guò jié de fāngshì yě biàn de yuèláiyuè ràng rén gǎndòng. Yí jiàn xiǎo xiǎo de lǐwù qíshí yě suànbushàng shénme, kěshì zài mǒu yí ge tèbié de shíhou, chángcháng néng shǐ rén gǎnshòudào zhēnzhì de qíng hé ài.

Traduction française

Chaque pays a ses propres fêtes et ses propres façons de les célébrer. Il en est de même pour la Chine. La fête traditionnelle la plus importante en Chine est sans aucun doute la Fête du printemps. Outre la Fête du printemps, il y a la Fête des lanternes et la Fête de la lune, etc. Si on comptait les fêtes des minorités ethniques, les Chinois célébreraient des fêtes tous les jours.

Dans le temps, les Chinois adoraient manger pendant la fête : les raviolis lors de la Fête du printemps, les boulettes de riz lors de la Fête des lanternes, les gâteaux de lune lors de la Fête de la lune. Après avoir mangé, les gens buvaient du thé, bavardaient un peu et regardaient la télé, le temps passait rapidement. Au début, tout le monde mangeait à la maison, mais plus tard, trouvant que faire la cuisine est trop fastidieux, beaucoup de gens ont commencé à aller au restaurant. Les gens se sont aussi lassés d'aller au restaurant et ils ont commencé à se promener et à voyager. C'est alors que le tourisme est devenu à la mode: ils voyagent le premier mai, le premier octobre, même pour la Fête du printemps, les gens ne restent plus à la maison. Par conséquent, il y a trop de monde dans le train, dans le bus, au restaurant, dans les parcs.

Depuis l'ouverture vers l'extérieur, outre les fêtes traditionnelles, les Chinois aiment aussi fêter les fêtes étrangères. Surtout les jeunes célèbrent les fêtes étrangères par curiosité. Les fêtes qu'ils préfèrent sont Noël et la Saint Valentin. Selon eux, Noël est très romantique: la décoration multicolore de l'arbre de Noël, le père Noël habillé en rouge... Il en est de même pour la Saint Valentin. Le jour du 14 février, il y a beaucoup de monde devant les magasins de fleurs. Tous les garçons désirent acheter une rose rouge pour leur fiancée.

En ce qui concerne les personnes âgées, elles ont passé trop de fêtes traditionnelles et Noël et la Saint Valentin sont exclusivement des fêtes de jeunes. Alors, la Chine a "importé" la Fête des mères. Ce jour de mai, les enfants, en particulier les filles, pensent à offrir de petits cadeaux à leur mère, comme un foulard, des chaussettes, etc. Bien entendu, il y a aussi des cadeaux précieux. Peu importe le genre de cadeau, les mères rient à gorge déployée en les recevant. Les pères se sentent un peu abandonnés. Et alors, peu de temps après, des publicités s'affichent devant la porte des magasins dans ce style:《 N'oubliez pas votre père!》C'est ainsi qu'il y a maintenant la Fête des pères en Chine.

Il y a de plus en plus de fêtes, et la façon dont on fait la fête est devenue de plus en plus chaleureuse. En effet, un petit cadeau ne vaut pas grand-chose, mais offert dans une circonstance particulière, il évoque souvent un sentiment et un amour sincères.

这样一来

"这样"se rapporte à la phrase précédente.Tandis que "这样一来" introduit la phrase suivante et indique une relation de causalité entre ce qui précède et ce qui suit.

语段的衔接和连贯　Liaison et cohérence des phrases

Un discours contient de nombreuses phrases. Les phrases d'un discours doivent être cohérentes dans leur logique et dans leur signification. Voici les méthodes habituelles pour relier les phrases de manière cohérente:

1. 连词 Conjonctions

La fonction des conjonctions est de relier les mots et les propositions. Certaines conjonctions, comme "和/跟", sont utilisées pour relier les mots, tandis que d'autres sont utilisées pour relier les propositions. Elles sont souvent utilisées par paires comme des mots de liaison dans des phrases composées. Certaines conjonctions sont souvent utilisées pour relier plusieurs propositions.

Ex. (1) <u>于是</u>，我们买了机票，登上了飞往北京的飞机。
(2) <u>不过</u>，说实话，我更喜欢西安，因为我觉得那儿是真

> 正的中国。
>
> (3) 马力很喜欢打篮球。可是，我太矮，上了球场恐怕连球都摸不到。

2. 时间词语　Termes de temps

Les termes de temps sont des moyens importants pour relier les phrases dans un discours chinois. L'expression chinoise suit en général "le principe de chronologie", c'est à dire qu'on exprime en premier ce qui s'est passé en premier. Les termes de temps souvent utilisés dans un discours sont: "以前 / 从前 / 过去 / 开始的时候", "现在 / 如今 / 今天", "将来 / 以后 / 后来" etc.

> Ex.　(1) 以前，中国人过节特别喜欢吃：春节吃饺子，元宵节吃元宵，中秋节吃月饼。
> 　　(2) 现在，中国开放了，除了传统的节日以外，很多人还非常喜欢过外国人的节日。
> 　　(3) 开始的时候在家里吃，后来觉得太麻烦，很多人就到饭店吃。
> 　　(4) 后来两个人结了婚，生活很幸福。
> 　　(5) 我开始的时候跟你一样，每天还假装去上班呢。后来一想，瞒得过今天，瞒不过明天，就跟她说实话了。

3. 副词　Adverbes

Dans un discours, certains adverbes peuvent aussi servir de mots de liaison et rendre l'idée ou le concept plus cohérent.

> Ex.　(1) 当然啦，自从我学了汉语，认识了林娜以后，我也真的想去看看那个神奇的国家。
> 　　(2) 白小红是从中国来的。也许因为中国有普通话，所以她总是想学习"英语普通话"。其实，她说的英语挺好听的，我基本上都能听懂。

4. 话题和话题的转换 Thème et changement du thème de la conversation

Dans un discours, la fonction de certains mots est d'introduire ou de changer le thème de la conversation.

Ex.
(1) <u>关于</u>孔子的事，你知道的还挺多。
(2) <u>要说</u>取名字，讲究可多了。
(3) <u>在他们看来</u>，西方人的圣诞节过得很浪漫：圣诞树上五颜六色的灯，穿着红衣服的圣诞老人……
(4) <u>对于</u>年纪大一些的人<u>来说</u>，传统的节日过得太多了，圣诞节和情人节似乎又是年轻人的专利。
(5) 没关系，我可以把票送给别人。<u>对了</u>，我送点什么礼物给孩子呢？

Dans le paragraphe suivant, les mots soulignés sont utilisés pour relier les idées et rendre la phrase plus cohérente.

Ex.
对于年纪大一些的人来说，传统的节日过得太多了，圣诞节和情人节似乎又是年轻人的专利。<u>于是</u>，中国又"进口"了母亲节。到了5月的那一天，孩子们——尤其是女儿们——总会想着给母亲送上些小礼物，<u>比如</u>丝巾、袜子什么的。<u>当然</u>，有的礼物也很贵重。不管是什么样的礼物，母亲们在接受的时候都会笑得合不拢嘴。这样一来，父亲们多少会有些失落。可是没过多久，商店的门前出现了这样的广告：别忘了你父亲！于是，中国也有了父亲节。

cíyǔ suǒyǐn
词语索引
Index du vocabulaire
(440)

Le numéro après le mot représente le numéro de la leçon.

1. ǎi	矮	Adj.	petit (taille)			4
2. ài	爱	V.	aimer		愛	1
3. àihào	爱好	N., V.	intérêt, violon d'Ingres, passion; adorer, passionner	个	种	愛好	4
4. àiqíng	爱情	N.	amour, affection		愛情	1
5. àixī	爱惜	V.	chérir		愛惜	1
6. ànzhào	按照	Prép.	selon			8
7. bǎifēnzhī…	百分之……		pourcentage			6
8. bǎi	摆	V.	placer, disposer		擺	9
9. bāng	帮	V.	aider, assister		幫	3
10. bāngmáng	帮忙	V.O.	aider, assister		幫忙	3
11. bāo	包	N.	sac			5
12. bāokuò	包括	V.	inclure, comprendre			5
13. bāozhuāng	包装	N., V.	emballage; emballer		包裝	9
14. bǎobèi	宝贝	N.	trésor		寶貝	6
15. bàomíng	报名	V.O.	s'inscrire		報名	10
16. běnlái	本来	Adv.	à l'origine		本來	2
17. bǐrú(shuo)	比如（说）		par exemple, supposons que		比如（説）	4
18. bǐsài	比赛	N., V.	match, compétition; faire un match, disputer un match		比賽	4
19. bǐ	笔	Spéc.	spécificatif pour une somme d'argent		筆	11
20. bìyè	毕业	V.O.	terminer ses études; obtenir le diplôme de fin d'études		畢業	3

171

#	Pinyin	Simplified	Type	French	Traditional	Leçon
21.	biànchéng	变成	V.	devenir, transformer	變成	3
22.	biǎodá	表达	V.	exprimer	表達	1
23.	biǎoyǎn	表演	V	jouer un spectacle		2
24.	biéshuō…	别说……		ne pas mentionner, ne pas dire	別說……	9
25.	bīngqiú	冰球	N.	hockey sur glace		4
26.	bìng	并	Adv.	pas du tout (utilisé devant une négation)	並	9
27.	búdàn	不但	Conj.	non seulement		11
28.	bú jiàn bú sàn	不见不散		«Nous restons jusqu'à ce que nous nous rencontrions.»	不見不散	10
29.	búlùn	不论	Conj.	quel que soit	不論	11
30.	bùguǎn	不管	Conj.	malgré, en dépit de, n'importe		4
31.	bùfen	部分	N.	une partie de		11
32.	chá	查	V.	vérifier, consulter		7
33.	chāoshì	超市	N.	supermarché (abréviation de 超级市场)		5
34.	chénggōng	成功	N., V.	succès; réussir		10
35.	chī jīng	吃惊	V.O.	être surprise, s'étonner	吃驚	6
36.	chūxi	出息	N.	promesse, bel avenir		7
37.	chūxiàn	出现	V.	apparaître	出現	12
38.	chúfēi	除非	Conj.	à moins que		5
39.	chúle	除了	Prép.	sauf, excepté		7
40.	chuántǒng	传统	N., Adj.	tradition; traditionnel	傳統	12
41.	cōngmíng	聪明	Adj.	intelligent	聰明	2
42.	cónglái	从来	Adv.	depuis toujours	從來	1
43.	dādàng	搭档	V., N.	coopérer; partenaire 对	搭檔	9
44.	dǎ	打	V.	frapper, battre		8
45.	dǎ pái	打牌	V.O.	jouer aux cartes		6
46.	dàrén	大人	N.	adulte		2
47.	dàyuē	大约	Adv.	environ	大約	6

48. dāi	呆	V.	rester			12
49. dàikuǎn	贷款	N., V.O.	prêt; prêter		貸款	11
50. dāngshí	当时	Adv.	alors, à ce moment-là		當時	8
51. dàng	当	V.	jouer un côle comme, considérer comme, prendre pour		當	1
52. dàngzuò	当做	V.	traiter comme, considérer comme		當做	1
53. dǎoyóu	导游	N., V.	guide touristique; guider		導游	6
54. dàochù	到处	Adv.	partout		到處	1
55. dàolǐ	道理	N.	raison, bon sens			11
56. děngděng	等等	Pt.	etc.			12
57. díquè	的确	Adv.	vraiment, en effet		的確	5
58. dìdao	地道	Adj.	authentique, typique, pur, véritable; excellent			3
59. diàodàiqún	吊带裙	N.	robe débardeur	条	吊帶裙	10
60. dōngfāng	东方	N.	est, orient		東方	7
61. dúlì	独立	V.	prendre son indépendance, s'émanciper		獨立	11
62. dútè	独特	Adj.	unique, spécial, particulier		獨特	12
63. dú	读	V.	lire		讀	3
64. duàn	段	Spéc.	section, paragraphe			11
65. duìshǒu	对手	N.	adversaire		對手	8
66. duìyú láishuō	对于……来说		quant à, en ce qui concerne		對於……來說	12
duìyú	对于	Prép.	sur, à l'égard de		對於	12
67. duǒ	躲	V.	se cacher			8
68. érqiě	而且	Conj.	de plus, mais aussi			3
69. érzi	儿子	N.	fils		兒子	7

#	Pinyin	简体	Catégorie	Français	繁體	Leçon
70.	fādá	发达	Adj.	développé	發達	5
71.	fāmíng	发明	N., V.	invention; inventer	發明	4
72.	fān	翻	V.	tourner; doubler; farfouiller; traduire		6
73.	fǎnzhèng	反正	Adv.	de toutes façons		10
74.	fāngmiàn	方面	N.	aspect, domaine		6
75.	fāngshì	方式	N.	méthode, façon		12
76.	fāngyán	方言	N.	dialecte	种	3
77.	fángzū	房租	N.	loyer		11
78.	fēi	飞	V.	voler	飛	5
79.	fēi... bù kě	非……不可		il faut		7
80.	fèi	费	N.	frais, charges	費	6
81.	fēn	分	V.	diviser		11
82.	...fēnzhī...	……分之……		fraction		6
83.	fēngyè zhī guó	枫叶之国		un pays de feuilles d'érable	楓葉之國	1
84.	fēng	疯	V.	être fou	瘋	10
85.	gǎibiān	改编	V.	adapter, réécrire	改編	8
86.	gāncuì	干脆	Adv., Adj.	carrément, simplement; net, franc, catégorique	乾脆	10
87.	gǎn	敢	V.	oser		10
88.	gǎndào	感到	V.	sentir		11
89.	gǎndòng	感动	V., Adj.	émouvoir, être touché; ému	感動	1
90.	gǎnjué	感觉	N., V.	sentiment, impression; sentir, éprouver	感覺	5
91.	gǎnshòu	感受	N., V.	sentiment, ressentir		12
92.	gāojí	高级	Adj.	niveau supérieur	高級	2
93.	gēnběn	根本	N., Adv., Adj.	base; radicalement; fondamental		5
94.	gēnjù	根据	Prép.	selon, d'après	根據	7

#	Pinyin	简	Type	Français	繁	Leçon
95.	gōngyuán	公园	N.	parc	公園	9
96.	gūniang	姑娘	N.	jeune fille		8
97.	gǔdài	古代	N.	antiquité, temps ancien		9
98.	gùshi	故事	N.	histoire, conte		8
99.	gùkè	顾客	N.	client	顧客	6
100.	guài	怪	V.	s'en prendre à, blàmer		7
101.	guānxì	关系	N.	relation, rapport	關係	9
102.	guānxīn	关心	N., V.	soin; se soucier de	關心	8
103.	guānyú	关于	Prép.	propos de, concerant, il s'agit de	關於	9
104.	guāng	光	Adv.	seulement		7
105.	guǎnggào	广告	N.	publicité	廣告	12
106.	guàng	逛	V.	se promener, se balader, flâner		9
107.	guìzhòng	贵重	Adj.	précieux, cher	貴重	12
108.	guówáng	国王	N.	roi	國王	8
109.	guóqí	国旗	N.	drapeau national 面	國旗	1
110.	guòbuqù	过不去		être dur avec quelqu'un, se montrer exigeant	過不去	3
111.	guòjiǎng	过奖	V.	flatter, faire un éloge exagéré	過獎	9
112.	guò jié	过节	V.O.	célébrer une fête	過節	12
113.	hàoqí	好奇	Adj.	curieux		12
114.	hé	盒	Spéc.	boîte		2
115.	hé bù lǒng zuǐ	合不拢嘴		rester bouche bée (de joie), rire à gorge déployée	合不攏嘴	12
116.	héshang	和尚	N.	moine, bonze		8
117.	hóngbāo	红包	N.	enveloppe rouge (dans lequel on met de l'argent pour donner à quelqu'un comme un pourboire, un cadeau ou un don)	紅包	2

118. hóngyè	红叶	N.	feuille rouge (Ex. feuille d'érable)	片	紅葉	1
119. hòulái	后来	Adv.	après		後來	8
120. huā	花	V.	dépenser			1
121. huá chuán	划船	V.O.	faire du bateau			8
122. huáyì	华裔	N.	citoyen étranger d'origine chinoise		華裔	6
123. huà zhuāng	化妆	V.O.	se maquiller		化妝	10
124. huí	回	Spéc.	terme employé pour signifier le nombre de fois où une action est répétée			11
125. huópō	活泼	Adj.	vivant		活潑	2
126. huò	货	N.	marchandise		貨	9
127. jīhū	几乎	Adv.	presque; faillir		幾乎	6
128. jīběn	基本	Adj.	fondamental, élémentaire			3
129. jí	急	Adj.	anxieux, pressé			10
130. jíshǐ	即使	Conj.	même si			11
131. jìzǎi	记载	N., V.	inscription, document; enregistrer, noter		記載	9
132. jìniàn	纪念	V.	commémorer		紀念	8
133. jìrán	既然	Conj.	puisque			11
134. jìshū	技术	N.	technique		技術	10
135. jì..., yòu...	既……, 又……		tant...que, aussi bien que, non seulement..., mais encore			3
136. jiā	加	V.	ajouter			12
137. jiāwù	家务	N.	ménage		家務	10
138. jiǎrú	假如	Conj.	si, supposons que			12
139. jiǎzhuāng	假装	V.	faire semblant		假裝	10
140. jiàqī	假期	N.	vacances			11
141. jiānchí	坚持	V.	persister, s'obstiner		堅持	7
142. jiǎndān	简单	Adj.	simple		簡單	3

143. jiànkāng	健康	N., Adj.	santé; sain, fort		6
144. jiānglái	将来	M.T.	dans l'avenir; futur	將來	2
145. jiǎngjiu	讲究	N., V., Adj.	recherché, attentif; metter accent sur; exquis, de bon goût	講究	7
146. jiǎo	角	N.	coin, angle		1
147. jiàoshòu	教授	N.	professeur		9
148. jiēshòu	接受	V.	accepter, recevoir		12
149. jiémù	节目	N.	numéro (d'un programme)	節目	2
150. jiérì	节日	N.	fête, festival	節日	12
151. jié hūn	结婚	V.O.	se marier	結婚	8
152. jǐnjǐn	仅仅	Adv.	seulement, à peine	僅僅	11
153. jīngcháng	经常	Adv.	souvent	經常	4
154. jǐngxiàng	景象	N.	scène, spectacle 种		6
155. jìngrán	竟然	Adv.	en fait, de manière inattendue		2
156. jìngzhēng	竞争	V.	concurrencer	競爭	10
157. jiǔ	久	Adj.	long, longtemps		4
158. jiù yè	就业	V.O.	être embauché, trouver un travail	就業	10
159. jiù	救	V.	sauver, prêter secours		8
160. jūrán	居然	Adv.	la grande surprise de		9
161. jǔxíng	举行	V.	avoir lieu	舉行	2
162. jùjué	拒绝	V.	refuser, décliner	拒絕	4
163. juédìng	决定	N., V.	décision; décider	決定	7
164. juéduì	绝对	Adv.	absolument, définitivement	絕對	9
165. kāifàng	开放	V.	s'ouvrir	開放	12
166. kāi wánxiào	开玩笑		plaisanter	開玩笑	7
wánxiào	玩笑	N.	plaisanterie		7
167. kē	颗	Spéc.	spécificatif pour les choses petites et rondes	顆	1
168. kěxiào	可笑	Adj.	ridicule		11

169. kèrén	客人	N.	visiteur, invité, hôte			9
170. kètīng	客厅	N.	salon		客廳	9
171. kèwén	课文	N.	texte	篇	課文	3
172. kǒuhóng	口红	N.	rouge à lèvres	支	口紅	2
173. kǒuyīn	口音	N.	accent			3
174. kuā	夸	V.	louer, apprécier		誇	2
175. lánqiú	篮球	N.	basket-ball		籃球	4
176. làngmàn	浪漫	Adj.	romantique			12
177. lǎo	老	Adj.	ancien, vieux			4
178. lǎoshì	老是	Adv.	toujours			4
179. lǐjiě	理解	V.	comprendre			11
180. lìyòng	利用	V.	utiliser, profiter de			11
181. liánxì	联系	V.	contacter, communiquer avec		聯繫	4
182. liányīqún	连衣裙	N.	robe	条	連衣裙	10
183. liáo	聊	V.	bavarder, dialoguer			6
184. liáo tiānr	聊天儿	V.O.	discuter, bavarder			12
185. liǎo	了		utilisé après un verbe plus 得 ou 不 pour indiquer un résultat éventuel positif ou négatif			5
186. liǎojiě	了解	N., V.	compréhension, connaissance; comprendre, connaître		瞭解	5
187. liú	流	V.	couler			1
188. liúxíng	流行	Adj.	populaire, à la mode			12
189. liú xué	留学	V.O.	étudier à l'étranger		留學	4
190. lóngzhōu	龙舟	N.	Bateau-Dragon		龍舟	8
191. lù	录	V.	enregistrer		錄	3
192. lùguò	路过	V.	passer par		路過	8
193. lùshang	路上	N.	sur la route			11
194. luóbo	萝卜	N.	radis, navet		蘿蔔	2

195.	mán	瞒	V.	cacher		瞞	10
196.	mǎnyì	满意	Adj.	satisfait		滿意	10
197.	máojīn	毛巾	N.	serviette	条		5
198.	méigui	玫瑰	N.	rose	枝 朵		12
199.	měi	美	Adj.	beau, joli			1
200.	mén	门	Spéc.	spécificatif pour un cours ou un sujet		門	11
201.	mí	迷	V., Suff.	fou de quelque chose, être fasciné par; fan, fanatique			4
202.	miànji	面积	N.	superficie		面積	6
203.	miànqián	面前	N.	devant			2
204.	miànshì	面试	N., V.	entretien d'embauche; s'entretenir, interroger oralement		面試	10
205.	míngpái	名牌	N.	marque			5
206.	míngrén	名人	N.	personnage célèbre, célébrité			7
207.	míngxiǎn	明显	Adj.	clair, évident		明顯	6
208.	mō	摸	V.	toucher, caresser			2
209.	mǒu	某	Pron.	certain			12
210.	nǎpà	哪怕	Conj.	même si, sans tenir compte de			11
211.	nàixīn	耐心	N., Adj.	patience; patient			6
212.	nándào	难道	Adv.	Serait-il possible que...? Se pourrait-il que...?		難道	4
213.	nánguài	难怪	Adv.	sans surprise		難怪	1
214.	nàozhōng	闹钟	N.	réveil		鬧鐘	10
215.	nòng	弄	V.	faire, aménager			1
216.	ǒu'ěr	偶尔	Adv.	parfois		偶爾	4
217.	pàng	胖	Adj.	gros			2
218.	péixùnbān	培训班	N.	cours de formation		培訓班	10
	péixùn	培训	V.	former, entraîner		培訓	10

#	Pinyin	简体	Cat.	Traduction	繁體	L.
219.	pěng	捧	V.	tenir quelque chose dans les deux mains		1
220.	pèngjiàn	碰见		rencontrer qqn	碰見	6
	pèng	碰	V.	toucher, heurter		6
221.	pīzhǔn	批准	V.	approuver, ratifier		3
222.	piān	篇	Spéc.	spécificatif pour un article ou un texte		3
223.	pīngpāngqiú	乒乓球	N.	ping-pong		4
224.	pǔtōng	普通	Adj.	commun, ordinaire		4
225.	qīzi	妻子	N.	femme, épouse		8
226.	qíguài	奇怪	Adj.	étrange, étonnant, bizarre		3
227.	qíshí	其实	Adv.	en réalit, en fait, au fond	其實	3
228.	qízhōng	其中	N.	parmi		6
229.	qìhòu	气候	N.	climat, temps	氣候	5
230.	qiānzhèng	签证	N.	visa	簽證	6
231.	qiánhòu	前后	L.W.	environ, aux alentours de	前後	8
232.	qiǎokèlì	巧克力	N.	chocolat 盒 块		2
233.	qīnqi	亲戚	N.	parents, relation	親戚	2
234.	qīnyǎn	亲眼	Adv.	de ses propres yeux	親眼	9
235.	qīngcài	青菜	N.	légumes verts		4
236.	qīng	轻	Adj.	léger	輕	2
237.	qīngsōng	轻松	Adj.	léger, facile, relaxé, détendu	輕鬆	6
238.	qíngkuàng	情况	N.	situation, condition, circonstances	情況	3
239.	qíngyì	情义	N.	affection	情義	2
240.	qiúchǎng	球场	N.	terrain (de jeu)	球場	4
241.	qiúduì	球队	N.	équipe	球隊	4
242.	qiúsài	球赛	N.	ball match	球賽	4
243.	qiúxīng	球星	N.	vedette, joueur célèbre		4
244.	qǔ	取	V.	prendre, adopter		7
245.	qùshì	去世	V.	mourir, décéder		7

#	Pinyin	简体	词性	Français	繁體	Leçon
246.	quán	全	Adj.	total, complet		2
247.	quàn	劝	V.	persuader, conseiller	勸	8
248.	què	却	Adv.	mais, cependant, néanmoins	卻	11
249.	rèqíng	热情	Adj.	enthousiaste, zélé, chaleureux	熱情	6
250.	rénkǒu	人口	N.	population		6
251.	rén mǎn wéi huàn	人满为患		surpeuplé	人滿爲患	12
252.	rén shān rén hǎi	人山人海		une véritable marée humaine, un monde fou		6
253.	rěnbuzhù	忍不住		ne pouvoir s'empêcher de		9
254.	rènwéi	认为	V.	penser, croire	認爲	7
255.	rènwù	任务	N.	tâche, mission	任務	11
256.	rìyòngpǐn	日用品	N.	objets d'usage quotidien		5
257.	ruǎnjiàn	软件	N.	logiciel	軟件	6
258.	shāngxīn	伤心	Adj.	triste, affligé	傷心	8
259.	shāngchǎng	商场	N.	grand magasin	商場	5
260.	shàngdì	上帝	N.	Dieu		7
261.	shǎoshù mínzú	少数民族	N.	minorité nationale	少數民族	12
262.	shé	蛇	N.	serpent		8
263.	shěbudé	舍不得		ne pas vouloir, être réticent	捨不得	1
264.	shēnqǐng	申请	N., V.	demande; demander, adresser une requête	申請	3
265.	shēn shǒu	伸手	V.O.	littéralement: tendre la main (pour demander quelque chose)		11
266.	shēn	深	Adj.	profond		9
267.	shénqí	神奇	Adj.	magique, miraculeux		5
268.	shēng	生	V.	naître, donner naissance à		3
269.	shēnghuó	生活	N., V.	vie; vivre		6

#	Pinyin	Chinois	Type	Français	Trad.	Leçon
270.	shēngpà	生怕	Adv.	de peur que		1
271.	shīluò	失落	Adj.	désappointé, perdu		12
272.	shīrén	诗人	N.	poète	詩人	8
273.	shífēn	十分	Adv.	très, extrêmement		6
274.	shíhuà	实话	N.	la vérité	實話	3
275.	shízài	实在	Adv., Adj.	en fait, en réalit; honnête, sûr	實在	5
276.	shǐ	使	V.	faire, rendre, causer		12
277.	shìjiè	世界	N.	monde		3
278.	shìhé	适合	V.	convenir à; s'adapter à	適合	10
279.	shōu	收	V.	recevoir, accepter		1
280.	shōushi	收拾	V.	mettre en ordre, arranger		5
281.	shǒuqiāng	手枪	N.	pistolet	把 手槍	2
282.	shǒuxiān	首先	Adv.	premièrement, d'abord, avant tout		7
283.	shòubuliǎo	受不了		intolérable, insupportable		5
284.	shūdiàn	书店	N.	librairie	家 書店	9
285.	shūfáng	书房	N.	cabinet de travail, bibliothèque	書房	9
286.	shūqiān	书签	N.	marque-page	書籤	1
287.	shū	输	V.	perdre	輸	9
288.	shùmù	数目	N.	quantité, somme	數目	11
289.	shuǐpíng	水平	N.	niveau		4
290.	shùn'ěr	顺耳	Adj.	agréable à entendre	順耳	7
291.	shùnkǒu	顺口	Adj.	qui se lit couramment	順口	7
292.	shuōbudìng	说不定		peut-être, probablement, difficile à dire	説不定	3
293.	sìhū	似乎	Adv.	comme si, en apparence		12
294.	sījīn	丝巾	N.	foulard en soie	条 絲巾	12
295.	suànbúshàng	算不上		ne pas être considéré comme, ne pas être comme		12
296.	suīrán	虽然	Conj.	malgré, bien que	雖然	6

297. suíshǒu	随手	Adv.	en passant, nonchalamment		隨手	10
298. tàiyáng	太阳	N.	soleil		太陽	7
299. tǎng	躺	V.	se coucher			8
300. tàng	趟	Spéc.	spécificatif pour la fréquence (nombre de fois)			5
301. tàozhuāng	套装	N.	ensemble		套裝	10
302. tèshū	特殊	Adj.	spécial, particulier, exceptionnel			5
303. tī	踢	V.	frapper du pied; jouer au ballon			4
304. tí	提	V.	mentionner			7
305. tíchū	提出	V.	présenter, proposer			3
306. tǐyù	体育	N.	éducation physique, sport		體育	4
307. tì	替	V., Prép.	remplacer; à la place de, pour			9
308. tóng	同	Adj.	similaire, même			7
309. tóng bìng xiāng lián	同病相怜		avec ses compagnons de misère		同病相憐	10
310. tǒngjì	统计	N., V.	statistique; compter		統計	7
311. tōutōu	偷偷	Adv.	en cachette			8
312. tūrán	突然	Adv., Adj.	soudain, tout d'un coup			8
313. wàzi	袜子	N.	chaussettes	双	襪子	12
314. wánchéng	完成	V.	accomplir, terminer			4
315. wánjù	玩具	N.	jouet			2
316. wǎnhuì	晚会	N.	soirée		晚會	2
317. wànshì rú yì	万事如意		tout va comme on veut		萬事如意	6
318. wànyī	万一	Adv.	au cas où, et si...		萬一	11
319. wéiyī	唯一	Adj.	seul, unique			1
320. wěidà	伟大	Adj.	grand		偉大	7
321. wèishēngzhǐ	卫生纸	N.	papier de toilette, papier hygiénique		衛生紙	5

#	Pinyin	简	Cat.	Français	繁	Leçon
322.	wèi	为	Prép.	pour, afin de	爲	6
323.	wèile	为了	Prép.	afin de, pour, en vue de	爲了	4
324.	wǔ yán liù sè	五颜六色		multicolore	五顔六色	12
325.	xīfāng	西方	N.	occident		12
326.	xīwàng	希望	N., V.	espoir; espérer		7
327.	xīqí gǔguài	稀奇古怪		rare et étrange, bizarre		7
328.	xíguàn	习惯	N., V.	habitude, coutume; s'habituer à, avoir l'habitude de	習慣 个 种	3
329.	xià	吓	V.	faire peur	嚇	7
330.	xià qí	下棋	V.O.	jouer aux échecs		6
331.	xià gǎng	下岗	V.O.	être au chômage	下崗	10
332.	xiǎnde	显得	V.	apparaître, avoir l'air	顯得	9
333.	xiāngxìn	相信	V.	croire		6
334.	xiǎng	响	V.	sonner	響	10
335.	xiǎngliàng	响亮	Adj.	fort et clair, qui sonne bien	響亮	7
336.	xiǎngfa	想法	N.	idée, réflexion		11
337.	xiǎngniàn	想念	V.	manquer, se souvenir avec nostalgie		5
338.	xiàng	向	Prép.	vers		8
339.	xiàngzhēng	象征	N., V.	symbole; symboliser	象徵	1
340.	xiàng	像	V.	ressembler		1
341.	xiāoxi	消息	N.	information, nouvelles		10
342.	xiǎohuǒzi	小伙子	N.	garçon, jeune homme		8
343.	xiǎojiāhuo	小家伙	N.	petit garçon	小傢伙	2
344.	xiǎoqì	小气	Adj.	avare, mesquin	小氣	1
345.	xiàohuà	笑话	N., V.	blague; rigoler	笑話	1
346.	xīn	心	N.	coeur	颗	1
347.	xīntài	心态	N.	état mental, attitude	种 心態	10
348.	xīnkǔ	辛苦	Adj.	dur, difficile		11
349.	xīnwén	新闻	N.	nouvelles	新聞	10

350. xíngli	行李	N.	bagage	件		5
351. xíngwéi	行为	N.	action, comportement, conduite	种	行爲	8
352. xìngfú	幸福	N., Adj.	bonheur; heureux			7
353. xìnggǎn	性感	Adj.	sexy			10
354. xuǎn	选	V.	sélectionner, choisir		選	11
355. xuéfēn	学分	N.	crédit	个	學分	11
356. xuéwèi	学位	N.	année, diplôme, grade (universitaire)		學位	11
357. xuéwèn	学问	N.	savoir, connaissance		學問	9
358. yā	压	V.	presser, écraser		壓	8
359. yágāo	牙膏	N.	dentifrice	支		5
360. yáshuā	牙刷	N.	brosse à dents	把	支	5
361. yánsè	颜色	N.	couleur	种	顏色	10
362. yǎnlèi	眼泪	N.	larmes		眼淚	1
363. yǎng shén	养神	V.O.	reposer son esprit		養神	10
364. yàngzi	样子	N.	apparence, manière, air		樣子	2
365. yéye	爷爷	N.	grand-père (côté paternel), papi		爺爺	3
366. yěxǔ	也许	Adv.	peut-être, probablement		也許	3
367. yígòng	一共	Adv.	au total; en tout			1
368. yíshì	仪式	N.	cérémonie, rite		儀式	2
369. yímín	移民	N., V.	immigr; immigrer			3
370. yímínjú	移民局	N.	bureau d'immigration			3
371. yíbèizi	一辈子	N.	toute la vie		一輩子	5
372. yǐwài	以外	Prép.	en dehors de, en outre			9
373. yì	亿	Num.	cent millions		億	7
374. yìzhí	一直	Adv.	toujours, tout droit			10
375. yìbān	一般	Adv., Adj.	en général; commun, ordinaire			7
376. yìbiān..., yìbiān...	一边……, 一边……		en même temps que, simultanément		一邊……, 一邊……	3

#	Pinyin	简体	Type	Français	繁體	Leçon
377.	yìnshuā	印刷	V.	imprimer		9
378.	yìnxiàng	印象	N.	impression		9
379.	yíng	赢	V.	gagner	贏	9
380.	yóuqí	尤其	Adv.	particulièrement, essentiellement		9
381.	yóuyǒng	游泳	V.	nager		4
382.	yóuyù	犹豫	V., Adj.	hésiter; hésitant	猶豫	10
383.	yǒuguān	有关	V.	concerner	有關	2
384.	yǒuxiē	有些	Pron.	un peu		7
385.	yúshì	于是	Conj.	donc, ensuite, alors	於是	5
386.	yuánxiāo	元宵	N.	boulette de riz glutineux farcie		12
387.	yuánlái	原来	Adv., Adj.	d'origine; original	原來	4
388.	yuányīn	原因	N.	cause, raison		3
389.	yuànyì	愿意	V.	vouloir, être prêt à faire quelque chose, désirer	願意	4
390.	yuèbǐng	月饼	N.	gâteau de lune	月餅	12
391.	yuèfèn	月份	N.	mois		7
392.	zàishuō	再说	Conj.	remettre à plus tard, de plus	再説	11
393.	zhāi	摘	V.	cueillir		1
394.	zhǎng	长	V.	grandir, pousser	長	2
395.	zhàngfu	丈夫	N.	mari		8
396.	zháo	着		réussir faire qqch. (placé après un verbe pour indiquer l'accomplissement ou le résultat d'une action)	著	5
397.	zhēnzhèng	真正	Adv., Adj.	vraiment, véritablement; vrai, véritable, authentique		5
398.	zhēnzhì	真挚	Adj.	sincère	真摯	12
399.	zhèng	挣	V.	gagner (de l'argent)		11
400.	zhèngcháng	正常	Adj.	normal, régulier		3
401.	zhī	之	Part.	une particule chinoise classique,		1

				souvent utilisée pour marquer la possession		
402. ...zhīlèi	……之类			comme	……之類	5
403. zhī	枝	Spéc.		branche; spécificatif pour les plantes et les fleurs		12
404. zhīshi	知识	N.		connaissance	知識	9
405. zhí	直	Adj.		droit		5
406. zhí'ér	侄儿	N.		neveu (côté paternel)	侄兒	2
407. zhíyè	职业	N.		profession, métier	職業	6
408. zhǐyào	只要	Conj.		condition que, pourvu que	祇要	4
409. zhǐyǒu	只有	Conj.		seulement, ne...que	祇有	11
410. zhìshǎo	至少	Adv.		au moins		9
411. zhōngxué	中学	N.		école secondaire collège, lycée	中學	3
412. zhòng	重	Adj.		lourd; profond; sérieux		2
413. zhòngyào	重要	Adj.		important		1
414. zhōusuì	周岁	N.		un an de vie, premier anniversaire	週歲	2
415. zhúzi	竹子	N.		bambou		9
416. zhǔchírén	主持人	N.		président (d'une cérémonie ou un banquet), présentateur de TV		3
417. zhǔjué	主角	N.		rôle principal, héros		2
418. zhǔrén	主人	N.		maître, hôte		9
419. zhǔyào	主要	Adj.		essentiel, principal		11
420. zhǔyì	主意	N.		idée, plan		7
421. zhùhè	祝贺	V.		féliciter	祝賀	2
422. zhùmíng	著名	Adj.		célèbre, connu		1
423. zhuā	抓	V.		prendre, ramasser		2
424. zhuānlì	专利	N.		brevet	專利	12
425. zhuǎnbō	转播	V.		transmettre (radio ou TV)	轉播	4
426. zhuàn	赚	V.		gagner	賺	6

#	Pinyin	简	Type	Français	繁	Leçon
427.	zhuāng	装	V.	charger, contenir monter, emballer	裝	5
428.	zhuāngzhòng	庄重	Adj.	sérieux, solennel	莊重	10
429.	zhǔnbèi	准备	N., V.	préparation; préparer	準備	5
430.	zhuōzi	桌子	N.	table; bureau	張	2
431.	zǐxì	仔细	Adj.	soigneux, attentif	仔細	11
432.	zìcóng	自从	Prép.	depuis	自從	5
433.	zìshā	自杀	V.	se suicider	自殺	8
434.	zìxìn	自信	N., Adj.	confiance en soi; sûr de soi		10
435.	zǒnggòng	总共	Adv.	au total	總共	6
436.	zǒngshì	总是	Adv.	toujours	總是	3
437.	zòngzi	粽子	N.	gâteau de riz en forme de pyramide (enveloppé dans les feuilles de bambou ou de roseau que l'on mange pendant la fête Duanwu)		8
438.	zúqiú	足球	N.	football		4
439.	zǔxiān	祖先	N.	ancêtres, aïeux		3
440.	zuòyè	作业	N.	travail à la maison	作業	4

语法项目索引
Index des termes grammaticaux
(15)

1. 动词重叠	Le redoublement des verbes	6
2. 介词用法小结	Résumé sur les prépositions	9
3. 副词用法小结	Résumé sur les adverbes	10
4. 疑问词的任指用法	Les pronoms interrogatifs indéfinis	2
5. 概数和分数	Chiffres approximatifs et fractions	6
6. 趋向补语的引申用法	L'utilisation étendue du complément de direction	7
7. "了(liǎo)"的用法	L'usage de "了(liǎo)"	5
8. "着(zháo)"的用法	L'usage de "着(zháo)"	5
9. 固定格式	Quelques modèles fixes	3
10. "是……的"句（2）	La phrase "是……的"(2)	1
11. "把"字句（2）	La phrase avec "把"(2)	1
12. 反问句	Question rhétorique	4
13. 存现句	Phrase d'existence et d'apparition	8
14. 复句	Phrase composée	11
15. 语段的衔接和连贯	Liaison et cohérence des phrases	12

后记
hòu jì

Remerciements

Cette série de manuels est le fruit du projet dirigé par Hanban de la République Populaire de Chine. Au cours de leurs recherches au Canada, les rédacteurs ont reçu aide et encouragements de la part de Madame Xu Lin, Conseiller pour l'éducation au Consulat général de Chine à Vancouver.

Nous voudrions remercier tous les spécialistes, chercheurs et amis, qui nous ont apporté soutien et aide dans notre travail.

Nous adressons nos remerciements aux: Dr. Robert S. Chen, Université de Colombie Britannique; Dr. Kenneth Dean, Université McGill; Dr. Yu Hongju, Université de Montréal; et Prof. Charles Burton, Université Brock. Ces chercheurs canadiens nous ont fourni un accueil chaleureux et beaucoup d'aide lors de notre séjour d'études dans leur pays.

Nous remercions aussi Mr Bill Renzhong Wang, Université McGill; Dr. Daniel Bryant, Dr. Harry Hsin-I Hsiao, Mme. Karen P. Tang, Dr. Hua Lin, tous de l'Université de Victoria; Mme Billie L. C. Ng, Université Simon Fraser; Mme Ying Sun, Institut Camosun; Mr Ralph Lake, Institut Douglas; Mme Ying Tian, Institut Langara; et Dr. Yanfeng Qu, Institut de l'Université Kwantlen. Ils ont consacré beaucoup de temps et d'énergie pour lire le premier manuscrit et/ou le réviser, et nous ont donné beaucoup d'idées et de précieuses suggestions d'amélioration.

Un remerciement particulier à Madame Ying Sun de Camosun Collège, qui a lu le brouillon des volumes I et II et nous a donné de précieux conseils lors de sa visite à l'Université Fudan.

Nous voudrions exprimer en particulier nos remerciements à Mme Yvonne Li Walls et au Dr. Jan W. Walls de l'Université Simon Fraser. Ils ont fourni l'hospitalité et l'assistance lors de la visite des rédacteurs au Canada et ils nous ont aidé à organiser notre recherche pédagogique, à pratiquer des sessions d'enseignement et à rassembler des avis et suggestions auprès de ceux qui utilisaient les manuels. Tous les deux nous ont donné de nombreuses propositions constructives concernant le plan du manuel, le premier brouillon de l'ensemble de la série et le brouillon révisé des volumes I et II.

Prof. Zhao Shuhua, Université de langue et culture de Beijing; Prof. Chen Abao, Université de Fudan; Prof. Li Xiaoqi, Université de Beijing; Prof. Li Quan, Université Populaire de Chine; et Prof. Wu Yongyi, Université Normale de l'Est de Chine, ont examiné attentivement le brouillon révisé de toute la série et donné beaucoup de précieuses suggestions.

Sans le soutien et les conseils de ces experts érudits, cette série de manuels n'aurait jamais vu le jour.

Nous avons étudié beaucoup de manuels de chinois existants et les résultats de recherches de nombreuses universités, qui malheureusement ne peuvent pas être tous remerciés ici. Nous nous excusons par avance pour tous les noms que nous n'avons pas cités ici.

S'il y a des fautes ou des oublis dans ces manuels, seuls les rédacteurs en sont responsables. Nous souhaitons que les enseignants et les étudiants nous informent des défauts éventuels afin que nous puissions améliorer les futures éditions.